健康中国之全民健身运动系列丛书

快乐骑行
——大众自行车运动

KUAILE QIXING

DAZHONG ZIXINGCHE YUNDONG

主　编　王　政　史一钦　李　荣

副主编　薛　茹　奚启超　刘　望

参　编　屠丽芳　赵是森　鞠　箐　周丽雅

　　　　朱　达　彭兰宾　唐梦巍　魏利杰

　　　　王海洋　江晓晓　白洁琼　方　勇

苏州大学出版社

Soochow University Press

图书在版编目(CIP)数据

快乐骑行：大众自行车运动／王政，史一钦，李荣主编．—苏州：苏州大学出版社，2021.12
（健康中国之全民健身运动系列丛书）
ISBN 978-7-5672-3885-5

Ⅰ．①快… Ⅱ．①王… ②史… ③李… Ⅲ．①自行车运动－基本知识 Ⅳ．①G872.3

中国版本图书馆CIP数据核字（2021）第275025号

快乐骑行——大众自行车运动

王 政 史一钦 李 荣 主编

责任编辑 施小占

苏州大学出版社出版发行
（地址：苏州市十梓街1号 邮编：215006）
镇江文苑制版印刷有限责任公司印装
（地址：镇江市黄山南路18号润州花园6-1 邮编：212000）

开本 787 mm×960 mm 1/16 印张 13.75 字数 158千
2021年12月第1版 2021年12月第1次印刷
ISBN 978-7-5672-3885-5 定价：45.00元

图书若有印装错误，本社负责调换
苏州大学出版社营销部 电话：0512-67481020
苏州大学出版社网址 http://www.sudapress.com
苏州大学出版社邮箱 sdcbs@suda.edu.cn

健康中国之全民健身运动系列丛书
编委会

顾　问　王家宏　周志芳

编　委（排序不分先后）

　　　　陈　俊　季明芝　陆阿明
　　　　张达人　陈瑞琴　朱文庆
　　　　宋元平　马　胜　徐建荣
　　　　王正山　张宗豪　王　政

体育是提高人民健康水平的重要手段，是夯实健康中国的重要基石。《中共中央关于制定国民经济和社会发展第十三个五年规划的建议》明确将"提高全民身体素质"作为健康中国建设的重要内容，并提出"推广全民健身，提高人民健康水平"的具体要求。自行车运动作为体育运动的重要组成部分，是集交通代步、运动竞赛、体育锻炼于一体的健身运动，它既能有效地提高心肺功能，又能发展下肢力量和耐力素质，是实施以人民健康为中心、建立健全健康教育体系、普及健康知识、引导人民形成良好的体育锻炼方式、增进健康水平的有效路径。然而，在全民健身的实践热潮中，人们对自行车运动依然存在很多的认知不足与实践错误。鉴于此，为让广大自行车爱好者能够更加科学地选择自行车及其装备，了解自行车运动的发展历程、运动技术与国际比赛规则，掌握自行车运动的基本知识，我们组织编写了本书。本书共分五章内容，分别为：自行车运动概述、自行车运动装备、自行车运动技术与练习方法、自行车运动伤害的预防与处理、自行车运动问与答。

本书由王政、史钦、李荣担任主编，薛茹、奚启超、刘望担任副主编。在撰写工作中，虽有波折困难，但大家内心充满热情、感激与奋斗精神，最终完成书稿。本书在编写过程中得到了苏州大学出版社编辑和自行车运动员彭兰宾的大力支持与帮助，朱达、唐梦巍、魏利杰、王海洋、江晓晓、白洁琼等也在资料收集、稿件校对等方面给予支持，在此一并表示衷心的感谢。

本书可作为自行车运动爱好者、社会体育指导员和广大健身运动爱好者的参考书。鉴于编者学识有限，书中难免会存在不足之处，在此恳请读者在阅读、使用过程中提出宝贵意见。

编 者

目录

第一章 自行车运动概述 >> 1

第一节　自行车的起源 …………………………………… 3
第二节　自行车运动的发展 ……………………………… 5
第三节　自行车运动的特点与功能 ……………………… 18

第二章 自行车运动装备 >> 25

第一节　常见自行车介绍 ………………………………… 27
第二节　自行车主要部件及调试 ………………………… 43
第三节　自行车运动配件 ………………………………… 60

第三章 自行车运动技术与练习方法 >> 71

第一节 自行车运动入门技术 …………… 73
第二节 自行车运动一般技术 …………… 86
第三节 自行车运动专业技术 …………… 97

第四章 自行车运动伤害的预防与处理 >> 109

第一节 常见运动性疾病预防与处理 …………… 111
第二节 常见运动损伤预防与处理 …………… 122
第三节 运动损伤的急救处理 …………… 131

第五章 自行车运动问与答 >> 139

附录

>> 165

附录1　国际自行车运动联盟（UCI）公路自行车比赛规则（节选） ………… 167

附录2　国际自行车运动联盟（UCI）场地自行车比赛规则（节选） ………… 193

附录3　国际自行车运动联盟（UCI）山地自行车比赛规则（节选） ………… 204

参考文献 ……………………………………… 209

第一章

自行车运动概述

自行车的发展不仅折射出人类生活与社会经济的演变历程，更体现出人类智慧与文明的结晶。自行车的起源、发展历程，自行车运动的功能与特点，都蕴含着丰富的文化信息。

第一节 | 自行车的起源

关于自行车的起源，目前最具代表性的说法有以下几种。

一、"奇思妙想"之说

人类社会从未停止过对未知文明的探索，自行车在很长一段时间内，被认为是意大利文艺复兴时期最伟大的艺术家和科学家达·芬奇发明的。据说达·芬奇在偶然间受到自己学生的启发，曾在1493年绘出一幅与现代自行车形态极为相似的素描画（图1-1-1）。1966年，负责修复达·芬奇手稿的意大利修道士在整理其作品时，发现了该素描画，素描画上的自行车虽不具有转向功能，但其形态与现代自行车极为相似。

对于"达·芬奇是自行车最早的发明人"这一说法，德国科学家莱辛与意大利语言学家马里诺尼表达出自己不同的观点，前者怀疑其手稿的真实性，认为手稿是伪造的，其根本是民族主义的情绪所致，后者则支持手稿的真实性。

图1-1-1 达·芬奇手绘自行车素描画

二、"双轮车"之说

关于中国是最早发明自行车的国家，也有诸多案例可证明。如明末清初的王徵在《新制诸器图说》一书中提到"无木牛之名而有木牛之实用；或以乘人，或以运重"的自行车，较符合自行车的特征。又如《黄履庄小传》中记载的"作双轮小车一辆，长三尺许，约可坐一人，不烦推挽能自行。行住，以手挽轴旁曲拐，则复行如初。随住随挽，日足行八十里"的双轮车。诸多学者在证明中国是自行车最早的发明国时，常引用的是黄履庄的双轮车案例。

三、"休闲马"之说

1790年，法国人希布拉克在一个雨天被路过的四轮马车溅了一身泥水，他突发奇想："马车这么宽，如果将其从中分开，四个轮子改为两个轮子会怎么样。"于是，他在两个大小一样的车轮中间安置一块木板，制成类似于蛇形状的木制自行车。由于它没有任何驱动装置，也没有任何把手，动力来源全靠人们用脚来回蹬地，所以人们戏称其为"休闲马"。后来，人们根据自己的喜好，把托架装饰成自己喜欢的外形。"自行车最早的发明者是希布拉克"得到了世界科技史的公认，因此，其制造的轮式木马也成为近代自行车的鼻祖。

第二节 | 自行车运动的发展

一、自行车的发展

（一）近代自行车的发展

有关资料记载，第一辆实用自行车是由德国人德莱斯发明的。他在1817年发明的木制两轮自行车，有一个木制的车架，在上面用铁架安装着两个同样大小的车轮。虽然这种自行车依旧利用两脚轮流蹬地推动车辆前进，但是它可以边骑边改变方向，因此它一问世便引起人们极大的兴趣。1818年，德莱斯为自己的发明设计注册了专利。此后，欧洲各国的技师不断对其进行改良。

1839年，苏格兰邓弗里斯郡的铁匠麦克米伦发明出一种新型的自行车（图1-2-1）。值得一提的是，他为自行车安装了踏板，改变了过去骑车人用脚蹬地的驱动方式。同时，麦克米伦将自行车的车轮设计成前后大小不一的尺寸（前轮小，后轮大）。从某种程度上来说，麦克米伦制成了世界上首辆真正的自行车，由此自行车开始进入实用和商业制造阶段。

图 1-2-1　麦克米伦自行车

　　1861 年，法国巴黎的马车设计师皮埃尔·米肖与他的儿子厄耐斯特回收了一辆损坏的"德莱斯自行车"，之后将其驱动方式改为前轮驱动，并简化原有车型结构，将轮子改成前轮大后轮小。米肖父子的改良使自行车的行驶速度有了很大的提升，但是因为没有刹车，安全性能遭到了质疑。直到 1865 年，在奥利维耶兄弟的资助下，他们才创办了公司，专门研制"米肖自行车"。1867 年的巴黎世博会上，"米肖自行车"大放异彩，为日后自行车的研发打下了良好基础。由于当时科学技术有限，米肖自行车还较为简陋，木质包铁的轮胎致使骑行的舒适感很差，踏板虽有改进，但车子骑行起来仍然很费力。即便如此，"米肖自行车"经皮埃尔·拉勒芒带入美洲大陆，还是引起人们极大的兴趣，购买和学习这种新型代步工具的人们络绎不绝，掀起了自行车兴起的第一次热潮。

　　1869 年 11 月 17 日，在一场大型国际自行车比赛中，英国人穆尔骑着一辆自己设计的装有滚珠轴承的自行车，获得了冠军。随后，他这一设计理念被自行车制造商广泛采用。

　　1870 年，英国人詹姆斯·斯塔利研制出"大小钱"自行车（前轮大，后轮小），后经过齿轮、轮毂、辐条等多次改良并获得多项自行车专利，使自行车向现代方向的演变又靠近了一步。此后，他在英国以"自行车产业之父"著称，英国人民为纪念他的伟大贡献，在考文垂市修建了他的雕像。

1885年，英国人约翰·K.斯塔利在考文垂设计出罗孚牌（Rover）自行车，这种自行车几乎具备了现代自行车的所有元素。它的前后轮尺寸相近，通过后轮增速传动链条驱动车辆前进，并安装了飞轮，采用了刹车装置。通过这一系列技术的改良，不仅保证了骑行过程中的安全性，而且改良后的自行车很快就占据了市场，广泛流行起来。

早期的车轱辘采用铁皮包木轮的设计，后来人们为了增加舒适感，给车轮最外面裹了一层橡胶。但是，在凹凸不平的路面上行驶时，舒适度依旧很差。1888年，英国的约翰·B.邓洛普设计出橡胶内胎，然后用帆布将其包上，外层使用加厚的橡胶带充作外胎。这一改良，使得自行车的性能更加完善，不仅转向方便，而且行驶更加舒适平稳。

自行车的基本设计从19世纪90年代起处于停滞状态，仅在车架的强度和重量、变速和制动机构、鞍座的布局、车把的设计等方面做了某些改进。而随着人们对自行车的需求不断增多，自行车细节设计的改进成为主流趋势，如变速叉、加装飞轮及安装变速系统等。

表1-2-1为近代自行车发展一览表。

快乐骑行
——大众自行车运动

表1-2-1 为近代自行车发展一览表

时间	代表人物	贡献
1817年	德莱斯	发明了能够保持平衡的两轮车,也是早期两轮车
1861年	皮埃尔·米肖	在一部德莱斯自行车的前轮上安装了踏板
1866年	皮埃尔·拉勒芒	改良了早期的两轮车,制造出更先进的车型
1869年	克莱蒙·阿德尔	在车轮上安装了橡胶轮毂
1870年	詹姆斯·斯塔利	制造出一种配有钢质辐条的车轮,将车架实心管改为空心管
1880年	亨利·劳森	实现了自行车链条的传动
1884年	约翰·K.斯塔利	设计出了罗孚牌自行车,前后车轮尺寸相近
1888年	约翰·B.邓洛普	发明了自行车内胎,大大提高了骑行的舒适性

(二)现代自行车的发展

1891年,法国的米其林兄弟在约翰·B.邓洛普设计的基础上,设计出易于拆装的外胎,在自行车史上将这一年称为现代自行车的诞生年。之后自行车的发展日新月异,虽然在基本结构上没有质的变化,但是在其材料的选用、传动系统的改良、车轮的改进等方面,还是有着许许多多的变化。这些技术的改进与变化,使其更加方便、轻巧、简单,能更好地满足人们的需求。

1933年，意大利人康帕吉奥罗发明了手动变速系统，依靠机械装置来代替手动拨链条，不仅操作简便，而且安全系数也大大提高。随着科学技术的发展，前、后变速器的零部件随之诞生，变速的级数逐渐发展到了十级，变速系统逐渐成熟化。

20世纪80年代初，日本禧玛诺（Shimano）公司研制成功一种可以定位变速的拨杆装置系统，简称为SI（Shimano Index System）。这种定位变速系统可以用单手精确地把想要的齿速比定位在准确的位置上，操控更加方便。Shimano的定位变速系统的发明可以说是公路自行车发展史上一个重要的里程碑。

1984年，法国LOOK公司开发出自锁脚踏。这种自锁脚踏配备专用的自锁鞋，并在鞋底安装相兼容的锁片，通过卡入的方式将锁鞋与脚踏相固定，若想要解开自锁脚踏，只要以脚踏结合点为圆心，从结合点到后脚跟的距离为半径，用划圆的动作就可以解开，这种自锁脚踏使脚和脚踏可以更加简单地结合，大大提高了安全系数和蹬踏效率。

20世纪90代初，日本的禧玛诺、意大利的坎帕尼奥洛（Campagnolo），先后推出了车把上的手拨系统，这是公路自行车发展历史上的又一次重要变革，产生了深远的历史意义。人们在操控变速系统的时候，无须再低头或者手离开车把去拨动拨杆，只需要在车把上直接拨动手拨系统的变速把手，就可以轻松自如地选取想要的齿轮比。

随着时代的发展，人们对于自行车的造型和外观的要求更加趋向于精致、协调、造型美观和色彩鲜艳，现代自行车正向着轻（重量轻、骑行轻）、新（多品种、新款色、能拆卸、可

快乐骑行
—— 大众自行车运动

折叠)、牢(高强度)的方向发展。

二、自行车运动的发展

1868年5月31日,在法国圣克劳德公园举行的自行车比赛是有记载的最早的自行车比赛。1893年,国际自行车联合会(国际自行车联盟的前身)组织了第一次正式的世界自行车锦标赛。1896年,自行车比赛成为雅典首届现代奥运会上的体育项目。

1900年4月14日,国际自行车联盟(UCI)于法国巴黎成立。1927年,国际自行车联盟组织了首届公路自行车世界锦标赛,此后每年举行1次。20世纪90年代中期,业余自行车运动与职业自行车运动正式统一,结束了二者之间的隔离局面,使得业余车手与职业车手在所有的大型比赛中均可一决高下。

(一)世界自行车运动的发展

1. 公路自行车运动

1868年5月31日,首次公路自行车比赛在法国巴黎的圣克劳德公园举行。1888年,首次世界女子自行车赛在悉尼市郊的阿什菲尔德(Ashfield)举行。此后不断涌现出利吉—巴斯托尼—利吉自行车赛(1892年)、巴黎—鲁贝自行车赛(1896年)、环伦巴第自行车赛(1905年)、米兰—圣雷莫自行车赛(1907年)和环法兰德斯自行车赛(1913年)等一日赛,以及环法自行车赛(1903年)、环意大利自行车赛(1909年)和环西班牙自行车赛(1935年)等多日经典赛,这些环城市公路自行车赛事对公路自行车运动的发展起到了至关重要的作用。

2. 场地自行车运动

场地自行车的比赛是在专用的椭圆形场地内进行的，赛道的周长通常为 400 米、250 米和 333.33 米，其中 333.33 米为国际标准场地。采用的自行车只配有单速齿轮，无闸，追求把自行车骑得最快。

早在 1920 年，场地自行车项目中的争先赛、团体追逐赛就已成为奥运会比赛项目。1964 年，男子个人追逐赛成为奥运会场地自行车比赛项目。1984 年，男子记分赛成为奥运会场地自行车正式比赛项目。1992 年，女子的争先赛、个人追逐赛成为奥运会场地自行车正式比赛项目。2017 年 6 月 9 日，国际奥委会在总部洛桑召开执委会会议，决定 2020 年的东京奥运会将增加 2 个小项的场地自行车比赛项目。因此，东京奥运会将进行团体竞速赛、团体追逐赛、争先赛、凯林赛、麦迪逊赛、全能赛等男女共计 12 小项的场地自行车比赛。

3. 山地自行车运动

20 世纪 70 年代，山地自行车运动作为一个较新颖的体育项目起源于圣弗朗西斯科（旧金山）。山地自行车运动包括两个主要的比赛种类——越野赛和速降赛。越野赛通常赛程为 30~50 公里，历时 2 小时左右。速降赛是运动员从下山的崎岖赛道上高速滑下的一种比赛。

山地自行车运动在世界各地盛行，1990 年在美国举行的第一届山地自行车世界锦标赛吸引了 30 000 名观众到场。1996 年的亚特兰大奥运会上，山地自行车运动被列为奥运会正式比

赛项目，这一举动充分证明了这项运动的魅力。

4. 自行车越野运动

自行车越野又称 BMX（Bicycle Motocross，简称 BMX），起源于 20 世纪 60 年代的美国，这项运动自出现后很快在青年人中流行起来。到了 20 世纪 80 年代中期，许多年轻人深受滑板文化的影响，觉得泥地竞赛形式过于单一，于是开始尝试把 BMX 小轮车拿到平地、滑板场地里玩，衍生出多种花样，使得这项运动更加具有刺激性，1981 年 4 月，国际 BMX 联盟正式成立，并在次年举行了第一届世界 BMX 小轮车锦标赛。2003 年 6 月 29 日，国际奥委会召开执委会会议，决定将 BMX 小轮车（泥地竞速比赛）作为 2008 年奥运会正式比赛项目。2017 年 6 月 9 日，国际奥委会在总部洛桑召开执委会会议，决定 2020 年的东京奥运会增加 BMX 男子、女子小轮车自由式技巧赛项目。

（二）中国自行车运动的发展

1959 年，中国自行车运动协会成立。中国正式开展的自行车运动项目包括公路自行车、场地自行车、山地自行车、小轮车（BMX 竞速、BMX 自由式），以及公路越野、山地速降、特技、室内（花式、自行车球）、自行车攀爬、滑步（平衡）车、独轮车、电子竞技自行车等。2019 年中国自行车运动协会被民政部评为 2018 年度全国性"3A 级社会组织"。

1. 中国场地自行车运动的发展

1959 年，我国自行设计并建成了第一座标准的自行车赛车场——北京龙潭湖赛车场。同年 8 月，为了庆祝赛车场的落成，举行了我国第一次场地自行车比赛，项目设置为：男子4公里团体赛、女子2公里团体赛、男女1公里个人赛、男女2公里个人赛。

1959年9月，在第一届全国运动会上，场地自行车被列为表演项目，项目设置为：男子4公里团体赛、女子2公里团体赛、男女1公里个人赛、男女5公里个人赛。

1966年11月，我国参加了在柬埔寨首都金边举行的第一届亚洲新兴力量运动会，获得了场地自行车男子2公里计时赛、4公里追逐赛、4公里团体赛和女子1公里、3公里计时赛等五项冠军。

1990年北京亚运会，江苏女车手周玲美在女子场地1公里计时赛上夺得金牌，并打破该项目原世界纪录。

1995年，在日本场地自行车世界杯赛上，大连女车手王艳勇夺女子争先赛金牌，成为中国自行车运动的第一个世界级冠军。

2000年悉尼奥运会上，姜翠华夺得女子500米计时赛铜牌，实现了中国自行车运动在奥运会上奖牌"零"的突破。

2002年8月，云南场地自行车世界杯赛，江永华以34秒的成绩获得500米计时赛金牌，并打破了法国名将弗雷西尔在该项目所创的原世界纪录。

2004年雅典奥运会上，江永华在女子500米个人计时赛上率先打破世界纪录，并创造了最好成绩，随后澳大利亚车手安娜·米尔斯（Anna Meares）打破江永华创造的世界纪录并获得金牌，江永华获银牌。

2016年里约奥运会，钟天使与宫金杰在场地自行车女子

团体竞速赛中一举夺魁,实现了中国自行车队奥运金牌"零"的突破。

在2020年3月德国柏林场地自行车世锦赛上,中国场地自行车队在6个小项上获得8张东京奥运会入场券。中国组合鲍珊菊和钟天使以31.895秒的成绩战胜德国队夺得奥运会冠军!

2. 中国公路自行车运动的发展

1957年我国首次派出了由领队俞浴云,男运动员孙世海、钱怀玉、单长春、孙文生,女运动员崔淑芳、张振桂、李凤琴、曲淑英组成的中国自行车代表队,访问了蒙古人民共和国,参加了男子50公里团体和100公里个人、女子25公里团体和50公里个人赛共四个项目的比赛。中国队获得了男女两项团体金牌和女子50公里个人冠军,蒙古队获得男子100公里个人赛第一。

1959年,在第一届全国运动会上,公路自行车被列为主要竞赛项目之一,男子比赛项目为:100公里团体赛,100公里、180公里个人赛;女子比赛项目为:25公里团体赛,25公里、50公里个人赛。北京男队、山西女队分别摘得团体桂冠,男子100公里成绩为2小时31分46秒3。

1963年11月,在印度尼西亚举行的第一届亚洲新兴力量运动会上,参加公路自行车比赛的有法国、波兰、朝鲜、中国等14个国家,我国男队取得100公里团体赛第3名、160公里个人赛第6名。

1965年,在第二届全国运动会上,公路自行车被列为主要比赛项目之一,男子公路100公里团体赛,上海队创造了2

小时 18 分 8 秒 7 的好成绩。

1979 年 5 月，在宁夏回族自治区固原县举行了全国第一次公路自行车多日分段赛。比赛分为五段，全程总距离为 481 公里，平均每天 96.2 公里。其中第一天为 100 公里团体赛，上海队荣获团体总分第一，辽宁队杨春光取得个人冠军。

1985 年亚洲自行车锦标赛上，中国自行车男队首次在 100 公里团体计时赛上夺得冠军，北京名将汤学忠夺得亚洲锦标赛的男子公路个人赛金牌。

如今，公路自行车赛事已发展成为一项传统赛事，"中国环游"国际公路自行车赛为洲际顶级及世界顶级赛事；"环青海湖"国际公路自行车赛在亚洲级别最高。除此之外，环南中国海多日赛、青藏高原多日赛、环崇明岛多日赛、沪港多日赛、环京赛等赛事都各具特色，使公路自行车运动成为近年来体育活动中的一个热点。

表 1-2-2 为 2000—2019 年中国自行车运动员在中国举行的公路自行车赛事中的成绩。

表 1-2-2　2000—2019 年中国自行车运动员
在中国举行的公路自行车赛事中的成绩

时间	姓名	比赛名称	名次
2000	姬建华	全国公路自行车锦标赛	青年组大组第五名，个人计时赛第 4 名。
2006	焦鹏达	环青海湖国际公路自行车赛	总排名第 26 名
2006	马海军	环青海湖国际公路自行车赛	冠军
2007	马海军	环海南岛国际公路自行车赛	蓝衫得主

续表

时间	姓名	比赛名称	名次
2007	马海军	南非B级世界自行车锦标赛公路赛男子个人计时赛	冠军
2007	马海军	"好运北京"国际公路自行车邀请赛男子计时赛	第5名
2007	姬建华	全国公路自行车锦标赛城市绕圈	男子成年组冠军
2007	徐刚	全国公路锦标赛个人赛（安徽合肥）	冠军
2008	纪习涛	环青海湖国际公路自行车赛第一分段	蓝衫得主
2008	徐刚	浙江舟山全国公路自行车锦标赛个人赛	第2名
2008	韩峰	全国公路冠军赛城市绕圈赛	第2名
2008	韩峰	全国公路锦标赛	第6名
2008	徐刚	环南中国海公路比赛（香港—澳门）	冠军
2009	徐刚	全国公路自行车锦标赛个人赛（吉林长春）	冠军
2009	焦鹏达	环青海湖国际公路自行车赛	第35名
2019	丽以芙女子职业自行车队	环崇明岛国际自盟女子公路世界巡回赛	亚洲最佳团体奖项

3. 中国山地自行车运动的发展

1963年，柳丽春在印度尼西亚举行的第一届亚洲新兴力量运动会上获得山地自行车女子组 20 公里冠军。

20 世纪 90 年代初，中国涌现出一大批优秀的山地自行车运动员。马艳萍曾获得 1999 年山地自行车亚洲锦标赛女子个人冠军、2002 年釜山亚运会女子山地自行车越野赛冠军、2004 年雅典奥运会女子山地自行车越野赛第 17 名。2007 年，任成远在 XCO 级山地自行车世界杯上获得女子组冠军，这也是中国选手首次在山地自行车世界杯上获得冠军。

2005 年，在印尼山地车亚洲锦标赛上，蒋雪李收获了男子个人越野赛冠军，创造了中国男子首次在亚锦赛上夺冠的历史，随后连续三年间，中国男子山地车一直包揽了该项荣誉。2020 年，东京奥运会上姚变娃获得山地自行车女子组越野赛第 34 名。

4. 中国 BMX 自行车运动的发展

2003 年 6 月 29 日国际奥委会召开执委会，通过了将 BMX 小轮车作为 2008 年奥运会正式比赛项目的决定。

2005 年 4 月 27 日国家体育总局自剑运动管理中心组建首支小轮车国家队，以备战北京奥运会。

2006 年太原市举办了首届亚洲自行车 BMX 锦标赛，2008 年又举办了世界自行车 BMX 锦标赛。

经过十几年的努力，BMX 小轮车越野项目目前已经在全国开展起来。

第三节 自行车运动的特点与功能

自行车运动是一项简单实用、全面发展身体的运动，既能有效地提高心肺功能，又能发展下肢力量和耐力素质。骑自行车是异侧支配运动，两脚交替蹬踏可使左右侧大脑功能同时得到开发，可预防早衰，对提高神经系统的敏捷性也有很好的作用。

一、自行车运动的特点

（一）普及性

据相关报道，截至2018年底，我国的自行车骑行人数已达到1亿人以上，其中自行车骑行运动人口大约有1 500万人；截至2016年底，我国绿道累计铺设超过20 000千米，自行车运动俱乐部注册超过10 000家，每年有大约2 000多场的自行车主题活动与赛事，累计辐射人数达到数亿人。

（二）竞技性

自行车运动竞赛种类繁多，可分为公路赛、场地赛、山地赛、BMX赛四大类。其中，公路赛细分为分段赛、计时赛、团体赛、个人赛；场地赛细分为计时赛、争先赛、记分赛、凯林赛、竞速赛、麦迪逊赛、淘汰赛、复活赛；山地赛细分为越野赛、速降赛、分段赛、爬坡赛、双人绕杆赛；BMX赛细分为泥地竞速赛、泥地跳跃赛、街道赛、半管道赛、平地花式赛。自行车运动的竞技性在以上比赛中体现得淋漓尽致。

（三）健身性

自行车的健身性主要体现在对骑行者肌肉的增强与心肺功能的提升上。具体表现为：

（1）骑行者在进行自行车运动时可以较好地锻炼腿部肌肉，在以15~20千米/时的速度骑行时，既可以明显增强腿部肌肉的力量与耐力，又能够有效消除多余的皮下脂肪，同时自行车运动并不会因为过度锻炼而造成小腿腓肠肌过粗。进行自行车运动不仅能使下肢髋、膝、踝3对关节得到锻炼，还可使颈、背、臂、腹、腰、腹股沟、臀部等多处肌肉得到锻炼，同时多处韧带也能得到有效的锻炼与提升。

（2）进行自行车运动能提高骑行者的心肺功能，增强全身肌肉耐力水平。自行车运动对内脏器官的耐力锻炼效果与游泳、跑步相似。根据相关学者研究，长期进行耐力运动可降低运动者的安静心率，这种现象称之为窦性心动徐缓。这样可使运动者的心率储备得到提高，从而使得心输出量提高2~2.5倍，最终在耐力运动过程中心脏耗氧低，进而提高机体的工作效率。由此可见，长期进行自行车运动不但可以提高心肺功能，还可以增强骑行者机体免疫力；骑行时，腿部肌肉收缩压迫血管促使血液加速流动，有利于将血液从血管末梢抽回心脏，增加心脏回心血量，与此同时还强化了微血管组织，改善了机体的微循环。

(四) 休闲娱乐性

骑自行车旅行是一种健康、自然的旅游运动方式，配备一辆自行车和一套骑行装备即可出行，既简单又环保。骑行者越过高山大河、驶过颠簸路途、穿过黑暗隧道，在各种困难的外界环境中挑战自我，在遥远的他乡体验风情，在旅途的终点体验成功，既可享受骑行旅行过程中的美丽风光，又可享受自行车运动带来的乐趣。

随着人们生活水平的提升与生活方式的改变，如今，旅游已由少数人的奢侈消费变成普通人的大众消费。在景区旅游中，租赁自行车进行观光活动成了一大特色。在这一骑行游览过程中，游客既锻炼了身体，又饱览了风光。这一活动极大地丰富了游客的娱乐生活，完美地体现了自行车运动的娱乐性。

(五) 职业性

中国自行车运动向职业化成功迈出的第一步，就是在国内举办一些高水平的职业环赛，例如，环青海湖赛、环中国赛和环海南岛赛等各项职业环赛。这些环赛在时间与地域上相互补充、相互支撑，使得职业自行车赛事贯穿全年，使得我国自行车运动从硬件到软件都有了突飞猛进的发展，逐步形成了系统的自行车赛事体系。同时，我国自行车运动员的竞技水平、体能与比赛经验有了极大的提升，运动员在训练观念上发生了很大的改变，使得我国自行车运动逐渐向市场化、社会化、职业化道路发展。

二、自行车运动的功能

（一）自行车运动的健身功能

进行自行车骑行时，只要满足一定的运动时间、运动强度便可达到强健身体的目的。自行车运动作为一种有氧运动，对提高与加强骑行者的心肺功能以及心血管系统功能有着显著的作用，不仅可以提升机体的最大摄氧量，还可以有效提高通气阈值。相关研究表明，优秀自行车运动员的最大摄氧量是普通人的两倍左右。进行自行车运动对机体力量水平的提高也有显著功效。当骑行者在进行自行车运动时，大部分身体肌肉都能够得到有效地激活与运用。骑行过程中骑行者的双臂起到支撑身体的作用，机体的核心肌群需要保持收紧，以此稳定躯干部位来保持平衡。在骑行自行车时，髋关节与膝关节"髋屈—髋伸""膝伸—膝屈"的动作，带动臀部以及腿部肌群进行收缩与伸展，有效地锻炼了下肢绝大部分肌群。该种训练不仅可以提高肌肉的灵活性与延展性，还可以防止肌肉流失。

长时间的有氧骑行可以摄取足量的氧气，达到燃烧脂肪的目的。人体是由206块骨骼构成的，包覆骨骼的肌肉称为骨骼肌，由好氧肌（慢肌纤维）和厌氧肌（快肌纤维）构成。其中，好氧肌的热量主要来源于糖类与脂肪，厌氧肌的热量主要来源于糖类。由于肌肉囤积肝糖的数量有限，进行激烈运动时，会消耗掉所有的肝糖。这样，好氧肌为了持续运动，就会继续消耗囤积的脂肪。持续运动30分钟以上，才能利用有氧运动燃烧体内的脂肪。

快乐骑行
—— 大众自行车运动

自行车运动属于长时间的稳态式有氧运动，当练习或比赛强度提升，遇到爬坡或冲刺等情况时，就需要快速调动机体的无氧供能系统为机体供能。长期进行自行车运动可以提高机体的无氧代谢能力，机体对乳酸的耐受力也将得到增强，呼吸系统中的各项健康指标也会有所提升，机体的抗疲劳能力也将逐步提高，促进骑行者的健康水平不断提高。一般采用1分钟内心脏输送出血液的次数，也就是以心跳次数的标准来评价运动强度。就以符合有氧运动标准的心跳次数而言，自行车运动是一种高效的锻炼手段。保持一定的运动强度时，人体活动的部分肌肉会产生热能，使体温上升，当上升到一定温度时，身体就会出汗，出汗的同时汗液会带走体内大量热量，伴随着热量的排出，体温随之降低。当然，排汗并不是降低体温的唯一指标，人在呼吸过程中排出的水分与热量也不容小视。自行车运动速度比较快时，容易出汗，但骑车人常被迎面而来的风所吹拂，所以排出的汗水易蒸发。因此，虽然我们在骑车时可能导致体温急剧上升，大量排汗，但汗水的蒸发能确保人体保持舒适的体温，有氧运动的优点也就体现在这里了。

自行车运动不仅对骑行者身体健康有诸多益处，而且对其心理健康也会带来一定的好处。首先，自行车运动是一项户外运动，骑行者可以直接与自然环境产生互动，新鲜的空气、温暖的阳光以及映入眼帘的绿色植物都有助于骑行者的心理放松。其次，社会节奏的加快导致越来越多的人变得容易焦虑、急躁，而在骑行的过程中，骑行者能够借助每一次蹬踏来释放内心的压力。自行车运动作为一种有效调节心理状态的锻炼方式已经受到了越来越多的关注，目前已有相关研究表明，适当的自行车运动不但可以使骑行者降低、转移负面情绪，更能促进骑行者的精神健康。

（二）自行车运动的社会功能

随着社会经济、科学技术的飞速发展，人们不断追求更高的生活品质，越来越多的人开始选择自行车运动的生活方式，因为自行车运动不受年龄、性别、场地、技战术的影响，男女老少都可以在自行车运动中找到适合自己的休闲元素，进行自行车运动从某种意义上讲更是选择了一种休闲体育的生活方式。

自行车运动的社会功能的发挥更多是建立在社群文化上。通过自行车运动，自行车运动爱好者集聚在一起，从交流骑行装备到学习骑行技术，从组织骑行训练到参加比赛，这些都促进了自行车运动爱好者的沟通与交流，在骑行过程中也加深了彼此之间的了解并建立了深厚的友谊。自行车运动所拥有的这些社会功能都是促进社会和谐的积极因素。

第二章

自行车运动装备

第二章 自行车运动装备

自行车运动是一项具有一定危险性的运动,对装备的要求较高。自行车运动装备是指在骑行过程中所必须配备的易损、易耗装置,以及为保障舒适、安全骑行所选配的骑行装置。

第一节 | 常见自行车介绍

自行车种类繁多,款式多样,骑行者应根据自行车的车型特点、骑行的路线、路面状况、身体状态、个人习惯、需求等方面选择不同的车型。

一、公路自行车

公路自行车,简称"公路车",指的是在公路路面或人为硬化道路、沙石路上使用的自行车车种,可用于公路自行车竞赛。公路自行车样式如图 2-1-1 所示。

图 2-1-1 公路自行车

（一）公路自行车车型特点

（1）公路自行车通常采用铝合金、钛合金、碳纤维等新型材料制成，整车重量较轻，最轻可达到5千克以下。国际自行车联盟规定参赛车辆的重量不得低于6.8千克。

（2）公路自行车牙盘与飞轮的齿比（即齿数比值）很大，一般齿比可达到53∶11，甚至更高。

（3）公路自行车轮胎比普通自行车的轮胎窄，同时车辆结构采用"破风"造型。因此，与其他车型相比，公路自行车在骑行过程中的骑行阻力更小。

（4）公路自行车轮胎一般采用质地较硬的材料，易于骑行者发力。因公路自行车一般在路况比较好的公路上骑行，故不需要过多考虑减震问题。

（二）公路自行车的优点

公路自行车的优点在于骑行时阻力较小，齿轮较大，踩踏比较轻松，人车结合度高，在骑行的过程中易于控制，并可以长时间骑行。

（三）公路自行车的缺点

与山地自行车相比，公路自行车车把比较低，需要维持身体趴前的骑行姿势，长时间骑行容易引起背部肌肉疲劳。此外，它的轮胎需要经常充气，以保持高压状态，使其在骑行过程中能够较好克服路面不平的情况，降低爆胎发生率。

（四）适用人群

公路自行车车辆较轻，一般适用于 12 岁以上人群。参加公路自行车运动赛事的骑行者，需要具备一定的骑行技能与经验。

二、山地自行车

山地自行车，简称"山地车"，有硬尾和软尾之分。硬尾山地车是指没有后避震、车架为一体造型的山地自行车。软尾山地车是指拥有后避震和利用弹性材料在车架尾端产生形变的山地自行车。硬尾山地车的骑行速度较快、价格较低，是入门骑行者的首选。软尾山地车的减震性能更强，越野能力突出，但是价格较高。山地自行车样式如图 2-1-2 所示。

图 2-1-2　山地自行车

（一）山地自行车车型特点

（1）宽胎，直把，有前后减震。宽而多齿的轮胎为山地车提供较强抓地力，而减震器具有吸收冲击的作用。

(2）山地车的车体刚性大，骑行灵活。由于骑行时对道路要求较低，手臂不易造成疲劳，变速器能够适应各种道路，骑车者可以在各种路面上尽情地享受舒适的骑行乐趣。

（3）山地车的车速通常有11速、18速、20速、21速、24速、27速以及30速。正确地运用变速器能够有效应对平路、上下坡、土路、顶风等复杂路况与气候，比普通自行车快速省力，但骑行速度低于公路自行车。

（二）山地自行车的优点

与公路自行车相比，山地自行车的骑行姿势更加舒适，特别是遇到特殊路况时，山地车的缓冲避震效果更加明显。

（三）山地自行车的缺点

轮胎面积大，齿比较小，在骑行过程中遇到的阻力大，传动的效率低，踩踏比较费力，骑行的速度相对较慢。此外，山地车的重量大，控制难度比较大。

（四）适用人群

山地车是专门为越野骑行而设计的，比较适合在林道、山路、崎岖路段等地形骑行，因此山地车适用于年轻人以及越野骑行爱好者。

三、场地自行车

场地自行车是为专门场地竞赛而设计的自行车。场地自行车使用先进的技术和材质，只配有一个齿轮，无闸，目的是追求自行车的速度达到最大化。场地自行车样式如图2-1-3所示。

图2-1-3　场地自行车

（一）场地自行车车型特点

（1）场地自行车只配有一个死飞轮，没有变速装置和车闸。

（2）后花鼓锁死。

（3）车身全长不得超过185厘米，宽度不得超过50厘米，总重量不得超过6.8千克。

（二）场地自行车的优点

场地自行车采用先进的材料，科技含量高，骑行速度非常快，一般适用于专业场地自行车竞赛。

（三）场地自行车的缺点

在场地自行车比赛过程中，运动员处在高速的运动状态下容易发生侧滑、摔倒等事故，对其生命安全容易造成威胁，同时也可能会给周围观众的安全形成一定的威胁。

（四）适用人群

场地自行车是专为竞技比赛而设计的自行车，因此其适用人群范围较为狭窄，适合于具有专业竞赛骑行经验的骑手。

四、BMX 小轮车

BMX 小轮车运动，是一项极限自行车运动。

（一）BMX 小轮车车型特点

（1）BMX 小轮车车胎粗大、耐磨，一般采用合金制成，可以承受从几米高的地方摔下的冲力。

（2）自由式 BMX 小轮车前后轮都有可供脚踩的"火箭筒"。

（3）自由式 BMX 小轮车通常使用 U 型车闸，而竞速 BMX 小轮车通常使用 V 型车闸。

（4）自由式 BMX 小轮车采用独特的车把旋转设计，可以 360°旋转。

图 2-1-4　BMX 小轮车

（5）BMX 小轮车轴距更短，更加适合转弯。

（6）BMX 小轮车经过适当的改造，可以实现不同的玩法，可以满足不同人的需求。

（二）BMX 小轮车的优点

BMX 小轮车结构设计特殊，车把灵活方便；车体采用特殊材质，能够抵抗重力冲击，避免骑行者受伤；装拆零件快速便捷，根据不同人的需求，可以对 BMX 小轮车进行不同的改装。

（三）BMX 小轮车的缺点

BMX 小轮车运动属于短距离、高速度的项目，是一项极限运动，对于运动员的骑行技术要求高，危险系数高，如果未做好预防保护措施，技术运用不当，很容易发生运动伤害事故。

（四）适用人群

BMX 小轮车适合大多数骑行爱好者，但是当小轮车用于竞赛时要求骑行者拥有相当丰富的骑行经验，并且骑行时要有一定的安全保护措施。

五、旅行自行车

旅行自行车，顾名思义，是用于旅行的自行车，简称"旅行车"。我国的自行车旅游相对国外起步比较晚，但随着人们社会压力的不断增大和环保意识的增强，自行车旅行已逐渐走入大众生活，成为人们释放压力的重要方式。旅行自行车样式如图 2-1-5 所示。

图 2-1-5　旅行自行车

（一）旅行自行车车型特点

（1）旅行自行车车体较重，车架材料通常采用钢和铝合金两种材质。这两种材质的特点是：① 钢架有容易发力、易保持速度、耐金属疲劳的优点，缺点是车身较重。② 铝合金架具有轻便的优点，缺点是吸震能力软弱，在超长途旅行时容易产生金属疲劳。

（2）旅行自行车基于长途旅行及安全考虑，负重能力要比普通自行车强大。

（二）旅行自行车的优点

旅行车的车架设计比例修长，骑行者身体能够充分展开，骑行过程较为舒适。

（三）旅行车的缺点

旅行车车架修长、携带装备较多，因此车辆的操控性能较弱。

（四）适用人群

旅行自行车适用人群较为广泛，青少年、成年人、老年人都可以将它作为旅行及日常的代步工具。

六、折叠自行车

20世纪30年代，欧洲出现了折叠自行车，并用于军事用途。如今，随着城市人口的增长，在健康城市与绿色出行理念的影响下，折叠自行车迎来了很大的发展空间。折叠自行车样式如图2-1-6所示。

图2-1-6　折叠自行车

（一）折叠自行车车型特点

（1）折叠自行车的车型主要有16英寸（1英寸=2.54厘米）和20英寸，其他还有12英寸、14英寸、18英寸、26英寸等车型。一般而言，16英寸及以下尺寸的自行车折叠后体积更小，利于收藏运输，比较适合短距离骑行。

（2）一般折叠车由车架折叠关节和立管折叠关节构成。通过车架折叠，将前后两轮对折在一起，可减少45%左右的长度，在折叠的过程中不需要借助外来工具。

（二）折叠自行车的优点

折叠自行车折叠后体积小，一般14英寸的折叠车折叠起来的长度在77厘米到88厘米之间，便于携带，节省储藏空间；在城市路面骑行比较舒适，是人们首选的城市代步交通工具。

（三）折叠自行车的缺点

折叠自行车结构复杂，保养比较困难；车架强度弱、车轮比较小、减震效果差；安全系数要求高，对锁紧装置要求更高；车速比较慢，不适合长距离骑行，比较适合在城市内道路骑行。

（四）适用人群

折叠自行车适合城市上班族和学生作为代步工具使用。

七、死飞自行车

死飞自行车，又称"单速车""固定齿轮单车"。所谓"死飞"，即自行车的后轴飞轮处于锁死的状态，有别于"活的"飞轮，通常不会配备手刹，而是依靠对脚踏的反向制动完成刹车操作。死飞自行车样式如图 2-1-7 所示。

图 2-1-7　死飞自行车

（一）死飞自行车车型特点

（1）死飞自行车一般由车头碗组、车架组、立管、手把、座管、座垫、中轴、曲柄组、踏板、靴套、皮带、链条、前轮、后轮、嵌齿轮、轮胎、刹车杆、刹车夹器、刹车线组等 19 个零件组装而成。大多数零件均支持自由替换与装配，由于车架数据差异，少数零件不支持随意替换。

（2）死飞自行车一般无刹车系统和变速系统，所有操作均需依靠脚踏控制飞轮来完成。

（3）死飞自行车与其他自行车的区别在于其后飞轮为死飞轮。

(4)死飞自行车根据车型特点可分为平地花式、肌肉竞速、复古竞速三种。

(二)死飞自行车的优点

死飞自行车外观简约、重量轻、修理简便；零件简单轻便，颜色、样式可自己定制，个性化强；齿轮传动效率高，骑行省力；车胎抓地力强，防滑能力强。

(三)死飞自行车的缺点

安全系数低，刹车比较困难；没有变速，长时间骑行容易导致背部肌肉疲劳；禁止在快速公路上行驶。

(四)适用人群

死飞自行车由于没有单向自由轮，车轮与脚踏板始终处于联动状态，因此其骑行安全性较低，骑行难度较大，适用于专业骑行爱好者。

八、多人自行车

多人自行车，又称为协力车，一般由一位骑行者掌控方向，骑行者协同出力。多人自行车包括同向协力车、反向协力车与折叠协力车三种类型，通常出现在各个旅游景点，用于观光、集体出游、团队协作、锻炼身体等目的。多人自行车样式如图2-1-8所示。

自行车运动装备

图 2-1-8　多人自行车

（一）多人自行车车型特点

（1）多人自行车一般由第一位骑行者掌控方向，骑行者协同出力。

（2）多人自行车一般以换向驱动器代替常规自行车中轴，以多个压板式曲柄代替常规自行车曲柄，并配备有多个踏板，前后骑行者均可上下踏动各自脚蹬以驱车前行。

（二）多人自行车的优点

多人自行车设置位置比较多，可以同时蹬踏骑行，比较适合家庭集体观光。

（三）多人自行车的缺点

由于车身过长、转弯半径大、参与人数多、动作难以协调统一，故多人自行车在骑行时容易失控导致翻车。

（四）适用人群

多人自行车多出现于旅游景区或者游乐场，对骑行者要求较低，适用于多人参与骑行。

九、动感单车

动感单车运动的创始人是美国杰出的专业公路自行车运动员乔治·约翰尼。其受到专业户外单车训练的启发，创立了一套模仿"环法自行车公路赛"路况在室内进行的单车健身方法，即动感单车运动。这是一种结合音乐、视觉效果等手段的充满活力的有氧运动。动感单车样式如图2-1-9所示。

图2-1-9　动感单车

（一）动感单车车型特点

（1）动感单车包括车把、座垫、踏板和轮子等几个部分，车身能够固定。骑行者可以根据自己的不同需求对动感单车进行适当调整，达到模仿骑行、健身娱乐的目的。

（2）飞轮的设计是为了增加运动的负荷，可调整运动强度。

(3)座垫可根据人的体形做前后、上下调节。

(二)动感单车的优点

进行长时间动感单车运动,有利于增强有氧耐力能力;通过调整飞轮的负荷提供平滑、准确的阻力,可以增强腿部力量;动感单车运动不受任何天气的干扰,可以随时进行。

(三)动感单车的缺点

在长时间高强度的动感单车运动中,膝关节负担重,容易损伤;动感单车是模仿自行车运动的一种方式,无法体验自行车运动的真实感,尤其是无法体验运动环境的变化。

(四)适合人群

由于动感单车骑行时伴有绚丽灯光和分贝较高的音乐,所以选择动感单车的人士常集中在20~45岁之间,且大多为年轻白领。膝关节有损伤、心脏病和高血压等患者不宜参与,以免在高强度训练中发生危险。

十、儿童平衡车

儿童平衡车主要针对幼儿设计,是适合2~5岁幼儿的代步、运动和娱乐的工具,主要目的是通过脚持续蹬地来提供滑行动力,锻炼幼儿的平衡能力,为以后骑自行车打下基础。儿童平衡车样式如图2-1-10所示。

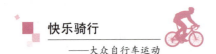

2-1-10 儿童平衡车

为使练习者更好地享受运动的快乐，儿童平衡车有金属（钢铁、铝合金）、木质两大类材质。金属车辆的安全性、操作性、稳定性、耐用性更高，价格也更贵。儿童骑行平衡车不仅能够锻炼儿童的平衡能力，也能够增强儿童的自信心。

（一）儿童平衡车车型特点

（1）儿童平衡车没有车链与车蹬，主要依靠滑行前进。

（2）儿童平衡车以钢架结构居多，结实耐用，安全可靠。

（3）儿童平衡车有360°旋转功能，可以在儿童摔跤时保护上肢安全。

（二）儿童平衡车的优点

平衡自行车作为"益智运动"能够通过全身的肌肉活动，促进小脑的发展，提高智力；长期骑平衡车可以锻炼平衡与神经反射能力，能够增强儿童身体的灵活性，有益于儿童的健康成长；平衡车运动能够帮助儿童远离电视、网络游戏的危害，预防驼背近视，增强儿童的免疫能力，促进身体的平衡性、协调性、灵活性，提高其独立活动的能力。

（三）儿童平衡车的缺点

（1）技术难度较高。虽然操作规则简单，但是大部分儿童在短时间内还是难以掌握技术要领，前倾加速时很容易站不稳，左转右转也不容易控制，最难的是上车时不易掌握平衡。

（2）安全系数低。在户外骑行儿童平衡车时，家长一定要监督儿童佩戴头盔、护膝、护肘。

（四）适用人群

一般适用于 2~5 岁的儿童。可根据儿童的身体形态选择适宜的平衡车。

第二节 自行车主要部件及调试

在选择自行车的车把、座垫、变速系统、刹车、车架时，需要根据个人的身体形态特点、骑行习惯等进行选择与调试，对自行车做出个性化调整。

一、车把的选择

车把是自行车必备零件之一，是控制自行车方向的操纵装置。车把是控制前轮转向的杠杆，人们稍加用力就能转动自行车前轮，控制自行车的运动方向和自行车的平衡；同时它也是控制刹车闸的杠杆，人们稍加用力就能使车闸以较大的压力压到车轮的钢圈上，完成刹车动作。

（一）直把

直把把横的形状一般为平直状，但其并不完全是一条直线，而是具有一定的后折角度，这个后折角度的作用非常大，骑行者可以通过它进行精确的角度调整，从而找到最适合自身的控车角度。直把的长度较短，通常在580～640毫米左右，长度及后折角度的设置，可以使骑行者在骑行及竞赛中获得更快的速度。直把样式如图2-2-1所示。

图2-2-1　直把

直把适合速度性骑行，常见于中低强度的骑行，多用于轻量级山地车。在摇车的时候，容易发力，但是舒适性和操控性较差。

（二）燕把

燕把因形似展翅的燕子而得名。不同车型的燕把，在长度、上扬角度方面存在很大差异，其长度通常在700毫米以上。燕把样式如图2-2-2所示。

图 2-2-2　燕把

燕把一般装配在重型自行车上,在速度型自行车上较少。特别是在越野的时候,对于自行车的灵活性和骑行者的操控能力要求更高时,燕把的舒适性与操控性强的优势就能充分体现出来。

(三) 蝴蝶把

蝴蝶把造型独特,因形似展开翅膀的蝴蝶而得名。蝴蝶把的整体范围宽广,车把有不同角度的弯曲,骑行中可以更换不同的握把方式、骑行姿势,以缓和手掌部位的压力,避免单一骑行姿势所引起的身体疲劳。蝴蝶把常用于长途旅行自行车,具有较好的舒适性,但是操控性较差。蝴蝶把样式如图 2-2-3 所示。

图 2-2-3　蝴蝶把

（四）羊角把

羊角把因形似羊角而得名。羊角把拥有"上把位""下把位""手变位"三个握位。在骑行竞争不激烈、骑行强度较低、缓解腰部疲劳、保持直立姿势骑行时，宜选择"上把位"；在进行高速冲刺及提升控车力度时，宜选择"下把位"，可以使身体更加前倾、降低风阻，增强对车身的控制，更加易于发力及稳定骑行；在匀速大部队骑行时，骑行者习惯握住"手变位"，兼顾舒适性与控车力度。羊角把常用于公路车、死飞自行车，许多长途旅行爱好者也会使用羊角车把。羊角把样式如图 2-2-4 所示。

图 2-2-4　羊角把

（五）牛角把（飞机把、TT 把）

牛角把一般由铝合金（钢）材质和碳纤维制成，多用于现代计时赛车、铁人三项自行车及场地自行车。为了更好地获得空气动力，牛角把的平把部分通常被打造成机翼状。铁人三项自行车会安装刹车和变速装置，其刹车把安装于"机翼"两端的凸起位置的顶端，而变速装置则安装在休息把顶端。骑行者可通过握住休息把顶端，来获得更高的冲刺速度以及更加低位的骑行姿态。牛角把样式如图 2-2-5 所示。

图 2-2-5　牛角把（飞机把、TT 把）

（六）BMX 车把

BMX 车把专门用于技巧性的 BMX 小轮车，对材质强度要求很高，多为钢材质。由于 BMX 的轮径小（20 英寸）、前叉短，需要上扬角度极高的车把来平衡骑行姿势（上扬角度过大导致结构性强度、刚性降低），因此，BMX 车把的中间位置会再焊接一根钢管，以起到提升强度、稳定整体结构的作用。BMX 车把样式如图 2-2-6 所示。

图 2-2-6　BMX 车把

二、座垫的选择与调试

自行车座垫是骑行者臀部直接接触的自行车配件。

（一）座垫的构成

1. 表层

表层可选择透气性强、光滑度好的材质。一般有以下材质：

（1）布料：价格较低，透气性好，但摩擦度大，容易损坏。

（2）人造皮革：价格较低，表面光滑，容易维护，但透气性不佳。

（3）碳纤维：价格较高，容易维护，轻量化，但舒适度不佳。

（4）真皮：价格较高，舒适度、透气性、光滑度好，更能根据臀部定性，但怕雨水，并且日常维护成本高。

2. 填充层

填充层可以起到缓冲作用，带来舒适性。主要有以下材质：

（1）硅胶：具有很好的舒适性，柔软度高。

（2）气垫：目前采用较少，技术不够成熟。

（3）弹簧：一般常用于老式自行车座垫。

3. 底板

底板承托填充材料和体重，起到减缓振动的作用。主要有以下材质：

（1）铁板：较少见，硬度大，缓冲作用小。

（2）塑胶：轻量化，有弹性，价格低廉。

（3）碳纤维：轻量化，强度高。

4. 座弓

座弓具有缓解震动的作用。主要有以下材质：普通钢、铬钼钢、钛合金、镁合金、碳纤维。

(二) 座垫的选择

1. 窄型硬座垫

窄型硬座垫常用于运动型自行车，主要用于高速巡航。蹬踏速度快时，宽形座垫容易摩擦大腿内侧导致疼痛，影响蹬踏动作；软座垫难以支撑身体，从而影响蹬踏效率，并且软座垫与臀部接触面积大，蹬踏速度较快时，会导致臀部过多的摩擦而疼痛。因此，窄型细长的硬座垫比较适合快速的蹬踏动作。窄型硬座垫样式如图2-2-7所示。

图 2-2-7　窄型硬座垫

2. 宽大舒适型座垫

宽大的座垫一般用于入门车种或者休闲自行车，主要用于慢速巡航。座垫跟臀部之间有较大的支撑面积，软质的座垫将提供适宜的乘坐度，骑行速度较慢时，不会因过度摩擦而导致疼痛。但是在骑行过程中也不能选择太软的座垫，臀部在骑行过程中将承受身体1/3的重量，太软无法提供有效支撑，同时汗液蒸发也较慢。宽大舒适型座垫样式如图2-2-8所示。

图 2-2-8　宽大舒适型座垫

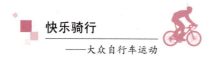

（三）座垫的调试

1. 调高度

主要采用脚跟法，用脚后跟将踏板的位置踩到最低点时，腿正好伸直，这时高度适宜。固定好高度后，反复骑行，再略作调整。

2. 调远度（确定座垫与车把的前后距离）

高度固定后，双手握把骑行，根据大腿的垂直线与踏板的中心位置，确定座垫向前或向后移动。

3. 调角度

座垫的鼻端要向下与水平位保持一定角度，一般保持 2°~3°。对于长途骑行来说，保持 5°~10° 比较合适。要结合车型、座垫的高度、远度等情况综合考虑，反复骑行进行调整。

三、自行车变速系统的选择与调试

自行车变速系统的工作原理是通过改变链条与前牙盘、后飞轮的相互配合来改变骑行速度的快慢。前牙盘越大，后飞轮越小时，脚蹬越费力；前牙盘越小，后飞轮越大时，脚蹬时越轻松。骑行者通过调节前牙盘与后飞轮的搭配，来应对体能变化和起步、上坡、下坡、迎风、顺风等路段特点。

（一）自行车变速系统的选择

1. 段数

变速自行车段数有 18、21、24、27、30，段数多的通常比较贵，更能适合多种路况。所谓的几段变速是指前牙盘齿片个数与后飞轮齿片个数的积，登山车通常是前牙盘 3 齿轮，后飞轮有 6、7、8、9、10 速，乘起来就是 18、21、24、27、30 段变速。

2. 齿比

自行车齿轮加链条的传动系统的作用是将车手踩踏的能量（马力）转换成轮胎的扭力。齿比＝前牙盘齿数/后飞轮齿数，一般 27 速登山车最大齿比为"前 44T，后 11T，齿比＝4"，骑手踩一圈，轮子会转 4 圈，速度最快，但轮圈扭力最小，相对的骑手踩踏的力道要最大，才能维持使车子前进所需的扭力。一般来说，"速度"由最大齿比决定，在同样踩踏回转数时，齿比越大，速度越快。

（二）变速器调整

前变速器上有两个螺丝，一个是 H、一个是 L，先调后拨，把变速调到最小飞轮片，把定位螺丝 H 和 L 松开，再把锁变速线的螺母重新松开，拉紧变速线再锁紧螺母。检查后拨的导轮与最小飞轮是否在一个平面上，如果不是，则调节 H 定位螺丝使其保持一个平面。

（1）刚装车的时候，有张贴纸标有距离，可以据此来调节变速器与大齿盘的间距；若没有，可以根据目测或者尺子测量，大致保持在 1～2 毫米的距离就可以了。

（2）导链板与大牙盘平行，使用中也可能造成前拨不正，可以将大齿盘和前拨导链板保持平行，特殊情况也可根据实际来调整。

（3）已经装好的车通常以前拨变速杆为 1，微调螺栓归零来进行检查。接下来就可以调前拨，前拨的调整有两个步骤：一是调整内限（驱动范围的内死点）和外限（驱动范围的外死点），前拨上都会标注 H、L 来区分内外限位螺丝；二是变速时的定位调整。

（4）内限调整：先将牙盘变至最小齿片，飞轮变至最大齿片，检查内侧导链板是否与链条摩擦，或者内侧导链板与链条间隙较大，这时候需要调节前拨上标注 L 的螺丝，使其与链条保持 1 至 1.5 毫米的距离。链条碰住了前导链板，调节到需要的距离，可以先松掉前拨变速线，按内限调整方法先将前拨内限的间距调好，再拉紧前变速线。

（5）外限调整：将前拨变至最大齿盘，飞轮变至最小片，再检查外侧导链板是否触及链条或者间距过大，调节标有 H 的螺丝进行调整，同样保持在 1 至 1.5 毫米的距离。若间距过大只需调整 H 螺丝就行。若外导链板太向外，链条就会向外脱落，甚至卡到链条和曲柄之间，所以需要注意。

前、后变速器样式如图 2-2-9、2-2-10 所示。

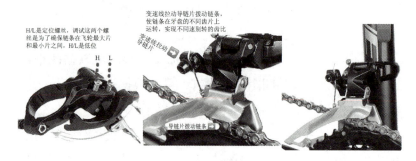

图 2-2-9　前变速器

图 2-2-10　后变速器

四、刹车的选择与调试

（一）刹轮圈类

1. 吊刹

吊刹在制动过程中刹车线结点处会产生分力，因此需提供较多的力反馈才能制动。吊刹多用于初级入门的车型。吊刹部件样式如图 2-2-11 所示。

图 2-2-11　吊刹部件

优点：吊刹是在大半径上产生的作用力，比碟刹的力臂大，在制动效果和可操控性上比较突出。

缺点：吊刹作用在车圈上，在雨水、泥泞道路上制动性能会下降；对车圈的杀伤力比较大，不匹配的刹车皮会导致车圈受损；散热性差，在连续下坡过程中易伤害到内胎。

2. V刹

V刹是自行车上的一种常见的刹车制动装置，由两块刹车皮对车圈互夹产生摩擦力，从而达到制动的效果，可适用于各种车型。V刹部件样式如图2-2-12所示。

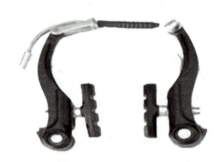

图2-2-12　V刹部件

优点：结构简单，重量轻，制动力大；便于安装、维修与保养，同时保养费用低，性价比较高。

缺点：雨雪天气或者在泥地以及涉水路面易打滑；长时间摩擦易产热，制动效果会降低；用力过大容易抱死。

3. 钳刹

钳刹基本等同于V刹，主要是为公路车设计的，多用于折叠自行车、儿童车、公路赛车和BMX小轮车等。钳刹部件样式如图2-2-13所示。

图 2-2-13　钳刹部件

(二) 刹轴类

1. 抱闸（带式刹车）

抱闸主要用于轻便车，折叠车，儿童车等。抱闸样式如图 2-2-14 所示。

图 2-2-14　抱闸（带式刹车）

2. 罗拉刹

罗拉刹是专为城市休闲车发明的刹车系统。罗拉刹分为两大类，一类是凸轮型，一类是磨擦片型。凸轮型，由拉线牵动拉杆，使凸轮组转动，顶动六个滑块，每两个滑块顶起一块刹车块，三块刹车块同时动作，与刹车鼓体内部磨擦制动。磨擦

片型就像摩托车的离合器，从外型区分，带一个大散热片的是磨擦片型，含有散热片的是凸轮型。罗拉刹部件样式如图2-2-15所示。

图2-2-15　罗拉刹部件

优点：效率极高、刹车反应速度快、操作轻便、故障率低。

缺点：不容易抱死，需要定期上专用油。

3. 倒刹

倒刹是通过倒蹬踏板来锁死后轮的一种刹车。过去主要用于老款自行车，现在主要用于死飞、竞技车型，有的儿童车也用。倒刹部件样式如图2-2-16所示。

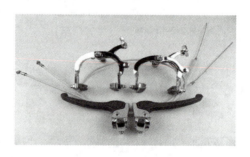

图2-2-16　倒刹部件

优点：刹车快捷。

缺点：刹车难度较高。

4. 鼓式刹车（涨闸）

鼓式刹车（涨闸）是轮轴上的一个密封鼓状刹车，目前很少见到。鼓式刹车部件样式如图 2-2-17 所示。

图 2-2-17　鼓式刹车部件

5. 蝶刹

碟刹（分线拉式和油压式）是相对比较高档的刹车器，主要用于强调运动功能的车型。

碟刹是通过金属的盘片和碟刹摩擦块之间的摩擦来制动的，制动效果好，与汽车、高档摩托车类似。其特点是不受雨水和恶劣路况天气的影响，这是因为碟刹的摩擦块是金属烧结物，与钢片摩擦，即使是雨天、有泥浆的情况下，工作情况依然良好。蝶刹部件样式如图 2-2-18 所示。

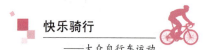

图 2-2-18　碟刹部件

（三）刹车调试

当刹车反应不够灵敏时，就要考虑刹车线是否松动，若刹车线松动，则将其收紧、调试。若是碟刹片变形，找出变形位置，用扳手往反方向扳正，或者把碟刹片拆下来找两块平的钢板，夹住碟刹片使碟刹片正过来。

五、车架的选择

车架作为整个自行车的骨架，是自行车的灵魂。它能最大程度地决定骑行姿势的正确性和舒适性，好的自行车车架具有重量轻、强度大、刚性高的特点。

（一）车架尺寸

一般车架有15英寸、16英寸、17英寸、18英寸、19英寸等尺寸，15英寸及以下和19英寸及以上的车架都属于特殊车架。

(二) 车架的材质

1. 铝合金

铝合金是目前市场上使用最普遍的材质。优点在于重量轻、短时间的硬度和刚性表现最佳、塑形加工容易、不会生锈。缺点是几乎没有弹性可言、会累积金属疲劳，也由于其灵敏轻巧、高刚性的特性，因此很容易传达地面的振动，造成骑乘舒适性不佳。

2. 钢材

钢是对含碳量质量百分比介于0.02%~2.06%之间的铁碳合金的统称。钢材中以铬钼钢最普遍，其强度高且易于抽管加工。钼能够使钢的强度提高、防止回脆性；铬能够使钢耐腐蚀、抗锈及防止高温氧化。

钢材是自行车最为耐用的车架材质，主要优点有：长时间骑乘的刚性佳，管材有弹性（吸震），管材接合方式多且加工性佳、易焊接且不需要热处理，成本与价格相对较低。缺点有：重量大，保养不当容易生锈，管材不易塑形且有金属疲劳的问题。

3. 碳纤维

碳纤维是一种含碳量在95%以上的高强度、高模量纤维的新型纤维材料。碳纤维"外柔内刚"，质量比金属铝轻，但强度却高于钢铁，并且具有耐腐蚀、高模量的特性。它不仅具有碳材料的固有本征特性，还兼备纺织纤维的柔软可加工性。

碳纤维车架具有质量轻、钢性好、冲击吸收性好的优点，可以制造6.8千克左右的自行车。缺点是长时间放置在阳光下

时会逐渐变白，价格高。

4. 钛合金

钛合金具有强度高、耐蚀性好、耐热性高等特点，被广泛用于各个领域。

钛合金的特性类似铝合金与碳纤维的综合，它有类似碳纤维的弹性，也有铝合金般的轻巧与刚性，且耐腐蚀不生锈、骑乘感佳，但是材料成本昂贵，提炼与加工过程复杂、焊接技术难度高，多用于小管径的车架。

（三）车架选择

骑行者的身体形态（特别是腿长）与车架大小存在一定的比例关系，一般通过测量身高、大腿长度、臂长、肩宽等形态指标选择合适的车架尺寸。不同身高对应的车架尺寸如下：145～155厘米对应15英寸，155～165厘米对应16英寸，165～175厘米对应17英寸，175～185厘米对应18英寸，185～195厘米对应19英寸。车架的尺寸比例并非适合所有人，只是作为参考，选购时最好去实体店亲身体验。

第三节 自行车运动配件

自行车运动是以速度、技巧为主的运动项目，安全问题一直是人们关注的焦点，配备人身防护装备、骑行车载装备是必要的。自行车运动配件包括：头盔、骑行服、骑行手套、骑行眼镜、骑行鞋、骑行头巾等防护装备；计时器、车灯、水壶、自行车包、工具箱等车载装备。

一、头盔

头盔能够有效减轻因掉落物体砸击或意外事故对头部造成的伤害，对头部提供有效的保护，是骑行者的必备装备。不同种类的自行车头盔还有分流雨水、透气、提速、防晒等用途。在夜间骑行时，利用头盔粘贴反光标志能够为夜间骑行者提供警示作用，保护骑行者的生命安全。

（一）头盔的种类

自行车头盔可根据制作头盔的木髓、塑料、PVC、聚碳酸酯、聚苯乙烯泡沫、尼龙网眼材料、碳素纤维、发泡聚丙烯、聚氨酯等不同复合型材料进行分类。也可按照头盔的外观与功能将头盔分为半盔式头盔和全盔式头盔。半盔式头盔又分为公路专用（无帽檐）、公路山地两用（配可拆卸帽檐）等。全盔式头盔造型类似于摩托车用头盔，一般是速降或攀爬车爱好者使用。

（二）头盔的选择

头盔的选择通常以轻量、坚固、透气性好、佩戴舒适为优。从质量上来看，必须购买经过检测、认证合格并贴有国家质量总局标签的头盔。从尺寸来看，需本人亲自试戴，头的左右两侧不要过紧，以能塞进一个小手指为宜。

（三）头盔的佩戴

（1）将头盔佩戴在头上，不能前仰后翘，左歪右斜。若头盔内有小帽子，其帽檐的长度以不挡视线为宜。

（2）佩戴头盔的松紧程度以头的左右两侧能塞进一个小手指为宜。

（3）调整头盔安全带，确保安全带在骑行中不会松动。

（4）头盔的前沿应与眉毛齐平。

二、骑行服

骑行服是骑行运动时专用的运动服。一般是特殊的涤纶面料，延伸性和耐磨性好，具有良好的透气性和排汗性。部分高档的骑行服在设计时还加入了银离子，可有效减少细菌繁殖，除异味。此外，还有集超强排湿、透气、抗紫外线等多种功能于一体的骑行服，通过将潮热湿气快速排出体外来调节体温，可有效防止感冒和中暑。如果只是日常骑车代步或休闲，不参加专业比赛，可以用速干衣来代替骑行服，最好选择颜色鲜艳、松紧合适、透气性好的服装。

（一）骑行服的种类

1. 防风骑行服

这种类型的骑行服采用轻薄的面料制成，前面部分防风，后背部分透气，具有一定的防水性能，实用性强。

2. 抓绒长袖骑行服

这种骑行服的防风和保暖性能效果一般，适合在20℃左右的温度下穿着，在购买时，建议选择大一码尺寸。

3. 夏季长短袖骑行服

这种骑行服主要针对夏季炎热的环境而设计，具有弹性好、透风、排汗性强、防晒等作用。

4. 冬季复合骑行服

这种类型的骑行服具有防风、防寒、保暖、透气的作用，适合在温度较低的环境下穿着。

（二）骑行服的选择

（1）骑行裤的面料建议选择莱卡，可有效减少大腿内侧与骑行裤之间的摩擦，防止磨伤。

（2）公路自行车骑行服，相对紧身一点为宜，面料需以导风性为主。

（3）山地自行车骑行服可略微宽松，透气性能高有利于加速排汗。

（4）BMX小轮车骑行服的衣服面料要求较低，以保护身体安全为主。

三、骑行手套

骑行手套作为骑行过程中必备护具之一，能够减少因手汗湿滑而产生的危险。此外，骑行手套的厚垫部分能够有效缓冲震动；在发生翻车意外时，骑行手套能够避免手掌与地面的直接摩擦，对腕关节具有很好的保护作用。一般的骑行手套采用的是PU材质，高端价位的骑行手套可能会采用硅胶材质。

（一）骑行手套的种类

骑行手套分为全指和半指两类，如图 2-3-1 所示。

图 2-3-1　骑行手套

（二）骑行手套的选择

1. 透气防水

在购买骑行手套时，要选择防水透气的材料，保证骑行时掌心的干爽。

2. 减震性

手套吸震性的好坏并不完全取决于手套掌心的薄厚程度。从材质上来看，按吸震效果从低到高排序依次为泡绵、EVA、记忆泡绵和吸震凝胶（GEL）。购买时可采用"按压衬垫"的方法，根据弹性来判断材质，若弹性不佳则为泡绵，若可缓慢弹起则为记忆泡绵，若弹性和滑动感均具备则为吸震凝胶。

四、骑行眼镜

骑行者在骑行的过程中，大部分时间都是直视路况，眼睛容易长时间受到紫外线的照射，会大大增加黄内障和白内障的发病率，而骑行眼镜可以防止强光直射眼睛，起到保护眼睛的作用。此外，骑行眼镜也可以有效减少骑行中异物或昆虫对眼睛的伤害。

骑行眼镜分为一般骑行眼镜和骑行近视眼镜，应根据自己的脸型和尺寸来选择眼镜。此外，镜片有浅灰色、黄色、深色等多种颜色，可根据光照情况自行选择。骑行眼镜样式如图 2-3-2 所示。

图 2-3-2　骑行眼镜

五、骑行鞋

骑行鞋是一种自锁鞋，骑行时可锁定脚与脚踏板。骑行鞋具有诸多符合骑行运动的设计，包括可更换脚掌底部的设计、耐磨防滑硬底的设计、鞋底与踏板吻合的设计、旋转纽扣无鞋带的设计以及符合人体脚部工学的设计等。骑行鞋区别于传统运动鞋、皮鞋，能够有效避免打滑、脚部受力不均及损伤跟腱、膝盖等诸多问题，使得自行车运动更加专业化、健康化，满足了骑行者更多的需求。骑行鞋样式如图 2-3-3 所示。

图 2-3-3　骑行鞋

（一）骑行鞋分类

1. 自锁鞋

自锁鞋底部配有专用骑行锁片，需要和自锁踏板配合使用，有一定的难度，初学者使用危险性较高，使用人群和范围较小，更趋向于专业人士用于自行车比赛。

2. 自行车鞋

自行车鞋融合了专业自锁鞋的设计，去掉锁片的同时保留外观，在锁片位置创造性地设计了贴合踏板并具有防滑耐磨功能的可拆卸模块。目前，市面上出现的自行车鞋，大多是制造商对传统的登山鞋、运动鞋、休闲鞋进行鞋底加厚改良而来，并未从骑行的人体工学视角设计，不过使用简单，适合广大人群，被广大消费者所接受。

(二)注意事项

起步锁鞋时,通常一脚支撑地面,另一脚踏板,先锁踏板脚,利用蹬、踩技术完成起步后,再锁支撑脚,这样可以避免起步不稳、锁脱不及时而摔车。当遇到突发情况或需要停车等待时,应进行解锁,以脚尖为圆心脚后跟向外画圆完成双脚同时解锁,一脚或双脚支撑完成停车等待技术。

六、骑行头巾

骑行头巾广义来讲为自行车运动时所佩戴的头巾,狭义来讲为具备专业排汗、导汗、减少风阻的骑行海盗头巾。骑行头巾具有抵抗紫外线的辐射、保护肌肤、防风吸水、御寒保暖等作用。

骑行头巾的佩戴比较简单,可以根据个人的需要,选择不同的佩戴方式。若需要御寒保暖,可以选择作为围脖佩戴;若需要装饰美化,可以选择作为头带、头绳佩戴;若需要防止脸部暴晒,可以作为面巾佩戴。因此,骑行头巾的佩戴方式多样,应根据自己需要与气候变化特点进行佩戴。

七、计时器

计时器也称码表,是骑行者的常用装备之一,是用来计算骑行里程、时间和骑行速度的一种电子产品。一般在自行车的前车圈钢条上安装有感应磁铁,将感应器安装在前叉上,然后用连线顺着前叉连接到车把握的码表座上。车圈旋转时,感受器通过感应磁铁带来的信息,通过连接线将信息传输到码表,

对信息进行收集与处理，计算出骑行的速度、里程等具体信息，有利于骑行者获取相应信息。

八、车灯

车灯是安装在自行车上供骑行者夜骑的灯具，也是夜间骑行者必备的出行装备。根据车灯的供电特点可分为自发电型和电池供电型；根据车灯的安装位置可分为前置照明灯、后置警示灯、车轮灯；根据车灯的光源种类可以分为钨丝灯泡、HID、LED 三大类。

挑选车灯需要考虑灯光的流明，流明即光的单位，流明数越大，意味着灯光越亮。挑选灯光要考虑在夜间会车行驶时光线对对方的影响，散光照明不会给对方造成干扰。在夜间骑行时视线具有限制性，尤其在道路不平、路况比较复杂的情况下，夜行时最好选择抗震性较强的车灯，避免出现伤害事故。

九、水壶

水壶是长途骑行者必须携带的出行装备，在长时间骑行过程中，特别是天气炎热的夏季，伴随着人体能量的消耗和大量出汗，必须及时补充水分，避免身体脱水而导致中暑，使身体保持较高的工作效率。

根据材质可将自行车水壶分为塑料壶和金属壶两大类。在选择塑料壶时，有软胶和硬胶之分，一般塑料壶底面标有一个小的三角形，中间标有阿拉伯数字 1~7，代表材质的软硬度，骑行时可选择标有数字"2"的材质水壶。

在选择金属壶时，有铝壶和不锈钢壶之分。铝在遇上酸性液体（果汁、汽水等）时会生成有害的化学物质，长期使用铝壶可能会导致记忆力减退、智力下降等。不锈钢水壶具有双层保温的作用，但是水壶的体重较大，携带不方便。

十、自行车包

在骑自行车旅行过程中，需要携带多种物品，这就需要车包来储存这些物品。自行车包可分为车首包、驮包、后底包、座管包等类型，如图2-3-4所示。

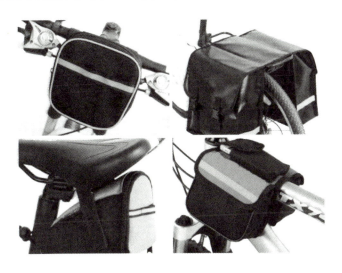

图2-3-4　自行车包

车首包也叫车把包，由包袋和固定座两部分组成，具有防雨功能，固定在车把前方或后面，方便拿取，可放置钱包、证件、手机等物件。

驮包一般防水耐磨，根据挂放的位置不同，分为前驮包和后驮包，前驮包容量小，后驮包容量大，载重多；在骑行时需

要调整好驮包的位置,不能超载,避免妨碍骑行。

后底包放置在后货架上,一般携带生活用品。

座管包是挂于车座后侧底部的小型包袋,能储存备用内胎和其他小件物品。

十一、工具箱

在长途骑行过程中,工具箱也是必备物品,一般装有打气筒、备用车胎、内六角扳手、梅花扳手、补胎工具和一字、十字螺丝刀等简单维修工具,以便遇到故障及时维护与修理。

第三章

自行车运动技术与练习方法

第三章
自行车运动技术与练习方法

自行车运动是一项以人体能量为动力，与自行车运动技术结合在一起的运动。掌握自行车运动入门技术、一般技术和专业技术，能够使骑行者轻松驾驭自行车，享受骑行乐趣，增强体质，提高竞技能力。

第一节丨自行车运动入门技术

自行车运动入门技术是骑行者进行自行车运动的"敲门砖"，包括起步与停车、平衡技术、骑行姿势、蹬踏技术、刹车技术和弯道技术，是骑行者进阶到一般技术和专业技术的必备技术。

一、起步与停车

（一）起步

起步是骑行自行车的重要技术。根据自行车运动竞赛规则，不同类型的比赛对自行车起步有不同的要求。例如，山地自行车、公路自行车等是一脚支撑等待起步；场地自行车要有人扶持等待起步；而作为健身、代步工具的自行车，一般使用原地起步和助跑起步。

1. 原地起步

原地起步是初学者通常使用的一种起步方式。此起步方式具有安全性高、便捷、易掌握等特点，因此成为大多数骑行爱好者的起步方式之一。原地起步过程如图 3-1-1 所示。

快乐骑行
——大众自行车运动

图 3-1-1　原地起步

（1）主要动作要领。

① 双手扶把，一脚支撑地面，与前轮、后轮形成三点支撑，另一脚踏板；坐于座垫上（或跨于前杠上），腰部微屈，车身向支撑脚方向倾斜，保持起步前的平衡状态。

② 支撑脚蹬地，蹬踏脚用力下踏，同时支撑脚同侧手下压车把，异侧手上提车把；然后支撑脚回踩踏板，维持正常骑行姿势。

（2）练习方法。

① 有条件的骑行者可以在功率自行车上练习蹬踏起步技术，或者将自行车后轮架空、固定，进行蹬踏起步练习。

② 从平地过渡到小坡度蹬踏起步练习。

③ 在有保护的情况下，选择坡度较大的路面练习起步技术。

（3）注意事项。

① 上坡起步时，挡位要先设轻；手捏刹车，上体前倾，重心前移；放开刹车，同时加大两脚蹬踏力度，支撑脚快速回踩踏板，维持上坡骑行姿势。

② 下坡起步时，手捏刹车，重心后移；放开刹车，支撑

脚回踩踏板，维持下坡骑行姿势。水平较高的骑行者可采用蹲伏姿势，臀部后移并降低上身，重心要与踏板位置保持平衡。

2. 助跑起步

助跑起步通常可以获得较大起步速度，具有一定的技术难度，一般有爬行助跑、踏蹬助跑、推车助跑等助跑方式。

（1）主要动作要领。

① 爬行助跑。先坐于座垫上，支撑脚与前后车轮形成三点或者四点支撑，双脚交替蹬地爬行，获得一定速度后，脚上踏板，进行正常的骑行。

② 踏蹬助跑。双手扶把，一脚踏板，另一脚支撑地面，与前轮、后轮形成三点支撑，保持平衡；支撑脚连续蹬地，获得一定速度后，前跨或后跨上踏板，然后进行正常骑行。

③ 推车助跑。先将车推行至一定速度，蹬踏脚快速上踏板；另一脚前跨或后跨上踏板，然后进行正常骑行。

（2）练习方法。

① 从平地到小坡度练习助跑起步。

② 在有保护措施的情况下，进行较大坡度或者特殊路面的助跑起步练习。

（3）注意事项。

① 在助跑起步时，穿裙子的女生不宜采用后跨起步，否则不利于上座，同时也会带来裙子被卷入后轮的风险。

② 在助跑起步时，穿高跟鞋的女生不宜采用推车助跑起步，避免崴脚的风险。

③ 在推行助跑时，要注意踏准踏板的位置，避免踏空踏板的风险。

（二）停车

停车是在骑行过程中结束运动状态的重要技术。根据实际情况，自行车停车方式主要有基本停车、停车等待等方式。根据路面情况，自行车停车方式主要有平地停车、上坡停车和下坡停车等停车方式。基本停车是停车中最简单、最常用的一种停车方式。

1. 主要动作要领

（1）选择安全环境，确保及时停车。

（2）双手拉动前、后刹车，同时双手稳住车把，使车速减小直至停止。

（3）停稳后，一侧腿支撑地面，臀部离开座垫；另一侧腿前跨或后跨落地，最后恢复到扶车姿势。

停车过程如图 3-1-2 所示。

图 3-1-2　停车

2. 练习方法

（1）从低速到正常速度练习基本停车。

（2）从平地停车到斜坡停车练习。

（3）在有保护的情况下，选择特殊路面练习停车技术。

3. 注意事项

（1）上坡停车时，为防止前轮浮起，要上身前倾，重心前移，同时启动前后刹车；注意双脚撑地，双手紧握车把。

（2）下坡停车时，为防止后轮浮起而向前摔倒，身体重心要后移，臀部应移到座垫后方。

（3）停车后，将前轮转向一侧，手持刹车，防止溜车。

（4）在道路拥挤、十字路口以及其他特殊情况时，需要单脚支撑停车、等待、观察、准备起步。

二、平衡技术

平衡技术是自行车运动的必备技术，是骑行者平稳骑行的主要技术，它主要依靠骑行者扭转腰部维持平衡。当自行车倾斜将要倒下时，腰部肌肉会自动条件反射把身体拉向另一侧，形成一种反向拉力使自行车保持平衡。科学、合理地应用平衡技术，能够让骑行更加稳定、安全。

（一）主要动作要领

（1）首先调整座垫高度，坐上座垫时，以脚能触地为宜。

（2）保持两脚踏在水平位，习惯性用脚放在前面，然后轻踏加力，使车子刚好前进。

（3）骑行中，当车身发生倾斜时，腰部带动双手，使车把左右转动，同时反方向的蹬踏脚用力蹬踏，找到新的平衡后，双手握稳车把，呈基本骑行姿势向前行驶。

（二）练习方法

（1）在有保护的情况下练习平衡技术，培养平衡感，体会腰部用力、手臂提拉车把。

（2）慢骑比赛法。从规定的起点出发，骑行过程中双脚不可离开踏板，以到达终点用时最长者为胜。在慢骑过程中，充分体会腰部用力、手臂提拉车把的动作要领，培养"人车一体"的平衡感。

（3）定车练习法。定车练习法是将自行车定在原地，在自行车停滞中保持平衡的练习方法。可在缓坡上进行左右移动重心的练习；也可以进行左右脚交替蹬踏并配合松刹车的平衡练习；平衡掌握后，可在平地上反复练习。

（4）先进行"S"形练习，再进行"8"字形练习，在转弯过程中寻找平衡点，保持平稳骑行。

（5）先进行一手脱把练习，再进行双手脱把练习，体会"人车一体"的平衡感。

（三）注意事项

（1）骑车时，眼睛不要只盯着车子和地面，也不要固定在某一个视点，要自然地朝向前方。

（2）切忌把重心都压在手臂上，那样反而会造成方向的失控。

（3）双手脱把具有一定的危险性，在自行车交通安全中是不允许的，初学者不宜使用。

（4）在失去平衡时，不要慌张，要避免紧急、连续地摇动车把。

（5）练习平衡时尽量选择行人和汽车都比较少的地方，例如体育场或者空旷广场。

三、骑行姿势

掌握科学的骑行姿势和方法，有利于提高工作效率，减少能量消耗，有利于提高动作质量，减少关节损伤。错误的、多余的骑行姿势会导致人体伤害事故的发生，采用正确的骑行姿势，能够达到强身健体、提高运动水平的目的。

（一）主要动作要领

（1）头部微抬，目视前方。
（2）上体前倾，手臂弯曲，两手扶稳车把。
（3）臀部坐于座垫，双脚成蹬踏姿势，人与车的连接成四边形。

正确的骑行姿势如图 3-1-3 所示。

图 3-1-3 骑行姿势

（二）练习方法

（1）有条件的骑行者可在功率自行车上或者将自行车后

轮架空、固定进行基本姿势的原地模仿练习，体会正确的身体姿态。

（2）在有保护的情况下，练习骑行过程中的身体姿势。

（3）在平地上，反复练习骑行姿势。

（三）注意事项

（1）上坡时，重心前移，臀部前移顶到座垫前端，防止前轮浮起。

（2）下坡时，重心后移，臀部后移顶到座垫后端，防止后轮浮起。

（3）长时间骑行时，手臂伸直，上体直立骑行，否则容易产生疲劳。

（4）腰椎间盘突出、腰肌劳损等患者，不宜长时间骑行。

四、蹬踏技术

蹬踏技术是自行车运动中的关键技术动作，也是最复杂、最难掌握的技术动作。科学的蹬踏技术有利于身体健康，减少运动损伤；有利于提高骑行质量，减少能量损耗。根据蹬踏时发力部位的不同，主要有自由式蹬踏法、脚尖朝下蹬踏法和脚跟朝下蹬踏法等方式。

（一）主要动作要领

蹬踏动作是以中轴为圆心，以曲柄为半径进行的周期性运动。根据蹬转一周的过程中脚所在的位置不同以及踝关节角度不同，可将蹬踏动作分为用力蹬踏阶段（A→C）和放松回转阶段（C→A）。

（1）用力蹬踏阶段（A→C）：脚在最高点 A 时，蹬踏力量是朝前下方；用力逐渐加大到 B 点时，脚掌与地面呈平行状态，蹬踏力量最大，再向下蹬踏，用力逐渐减小，肌肉开始放松，脚跟略向上抬起。

（2）放松回转阶段（C→A）：到 C 点时脚跟上提 15°~20°，脚随蹬踏往上回转，经过 D 点后重新进入 A 点。

蹬踏过程如图 3-1-4 所示。

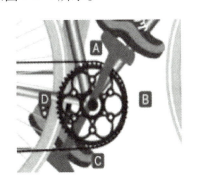

图 3-1-4　蹬踏

（二）练习方法

（1）使用前脚掌蹬踏练习。脚蹬踏的位置会对膝关节产生一定影响，如果膝关节出现疼痛，此时需要将前脚掌的位置稍靠后，这样会减小膝关节的压力。可先在功率自行车上进行控制练习，然后进行自行车实战练习。

（2）进行画圆蹬踏练习。当以持续画圆的方式蹬踏时，要保证骑行者的膝关节正直，不要向内或者向外倾斜。

（3）提高踏频练习。踏频是指每分钟双腿交替蹬踏的转动次数，左右脚交替的速度越快，踏频就越高。而踏频过低（低于60转/分）会使肌肉劳损，且容易给关节处施加额外的压力，踏频最好不要低于80转/分。可先在功率自行车上进行逐渐提高踏频的练习，然后进行自行车实战练习。

（三）注意事项

（1）根据个人情况，调整座垫高度至合适位置。

（2）双脚没有踩到合适的位置时，容易引起膝盖疼痛。

（3）训练蹬踏动作时，不要负担过重，更不宜在疲劳情况下进行训练。

（4）无论采用哪种蹬踏方式，都要注意保持膝盖正直，不可出现"内八字""外八字"蹬踏的现象。

五、刹车技术

刹车技术是保证骑行安全的重要技术，主要功能是降低车速。根据上坡、下坡、湿滑路面、高速行驶、紧急状况等路况，可采用不同的刹车方式。掌握刹车技术，可避免或减少交通事故的发生。

（一）主要动作要领

（1）停止蹬踏，将食指与中指放在刹把上准备刹车。

（2）刹车时，两指拉动前、后刹把，手臂弯曲，支撑上身，腰部后沉，重心后压。

（3）刹车后，身体重心由后向前转移，维持身体平衡。

刹车动作如图3-1-5所示。

图 3-1-5 刹车技术

（二）练习方法

（1）先在平地上手推单车进行刹车练习，拉动前刹车，然后拉动后刹车，再双手同时刹车，体会前后刹车制动效果。

（2）在平地上从低速到高速练习刹车。

（3）从平地到小坡度练习刹车，体会重心的变化。

（4）在有保护的情况下，选择特殊路面练习刹车。

（5）在地上标记两条线，骑到第一条线时开始刹车，到达第二条线前将车停下。通过多次练习来缩短两条线之间的距离，逐渐提高有效刹车技术。

（三）注意事项

（1）观察周围情况，随时准备刹车。

（2）高速刹车时，先后刹，再前刹，防止前翻。

（3）上坡刹车时，前刹力度较大，防止后溜。

（4）下坡刹车时，后刹力度较大。

（5）紧急刹车时，保持冷静，重心后移。

（6）湿滑路面刹车时，注意增大制动距离，稳定车头，充分利用后刹。

（7）弯道刹车时，降低前刹力度，同时身体向转弯内侧倾斜。

六、弯道技术

弯道技术是改变自行车运动方向的核心技术，它包括弯道前的刹车技术、弯道中的压车技术以及驶出弯道时的路线选择、跟车等技术。根据过弯道时身体倾斜方向的不同，将弯道压车技术分为正向压车过弯道、反向压车过弯道等技术。掌握科学、合理的弯道技术不仅能节省时间，更能保证安全。

（一）主要动作要领

1. 正向压车过弯道技术

（1）进入弯道之前，同时使用前后刹车，做好提前减速的准备。

（2）视线要放在弯道内侧，同时身体也自然面向弯道内侧。

（3）骑行进入弯道时，身体重心和车体的重心尽量保持一致，同时向弯道方向倾斜。

（4）外侧脚放低，内侧脚抬高。

（5）弯道半径越小，车速越快，人、车与弯道内侧地平面的内倾角也越小，以保持向心力与离心力的平衡；反之则内倾角则大。一般专业运动员训练时倾角不超过28°，否则会有倾倒的危险。

2. 反向压车过弯道技术

（1）进入弯道之前，同时使用前后刹车，做好提前减速的准备。

（2）视线要放在弯道内侧，同时身体倾斜方向与车体倾斜方向相反。

（3）骑行进入弯道，身体重心的移动轨迹与车体重心的移动轨迹相反，当左转弯时，自行车的重心偏向左边，骑行者身体重心偏向右边。

（4）外侧脚放低，内侧脚抬高。

（5）自行车和骑行者所形成的合力与弯道内侧地平面存在内倾角，弯道半径越小，车速越快，内倾角越小，以达到向心力与离心力的平衡；反之则内倾角越大。

（二）练习方法

（1）在直道上进行直角转弯练习。
（2）在弯道上进行正向压车过弯道技术练习。
（3）在弯道上进行反向压车过弯道技术练习。
（4）在S形弯道上进行连续的正、反向压车过弯道技术练习。
（5）进行"8"字弯练习。

（三）注意事项

（1）连续使用弯道技术时，注意压车角度，把握蹬踏时机，避免倾倒或甩出的危险。

（2）弯道上行车，要注意控制车速，握紧车把，尽量不要

把内侧脚放到下面。

（3）雨雪天气过弯道时，注意压车角度，慎用刹车，避免滑倒。

（4）急转弯时，注意压低身体姿势，速度越快身体姿势越低。

第二节 自行车运动一般技术

自行车运动一般技术是练习自行车运动入门技术和专业技术的纽带，主要包括爬坡技术、变速技术、跟随技术、跨越障碍技术、摇车技术和冲刺技术。

一、爬坡技术

爬坡技术是自行车骑行运动的基础技术。爬坡时，不仅需要骑行者具备强健的体魄，还需要掌握正确的呼吸节奏，从而运用正确的爬坡技术来应对各种复杂的路况。

（一）动作要领

（1）放松双手，轻握车把，放松肩部和上体，呈基本上坡骑行姿势。

（2）爬坡时，眼光放在远近两处，远处在前方 6~10 米，近处在前轮下，一路前进要注意在远近间排出 3~4 个通过点，保证爬坡路线顺畅。

（3）蹬踏时，蹬踏要有力、完整，每一圈要平均施力，采用高转速蹬踏，尽可能保持每分钟 70 转左右的频率，踏到底后不要提高脚踵。

（4）爬坡时，正确使用变速技术（详见"二、变速技术"）。

（5）交替使用不同的肌肉，臀部在座垫后面时，上体较直立，使用臀部肌肉蹬踏；臀部在座垫前面时，上体较倾斜，使用腿部肌肉蹬踏。

（6）采用用力呼气与被动吸气相结合的方法，同时要注意呼吸与蹬踏的节奏相配合，避免做不均衡呼吸。

（二）练习方法

（1）在功率自行车上以较大的转速（70 转/分左右）进行蹬踏练习，有意识地蹬踏完整，增强蹬踏力量，提高踏频。

（2）在坡度较为平缓、适合进行骑行的地面上练习爬坡技术，体会呼吸与蹬踏的配合。

（3）在山间小道进行骑行练习，练习强度可以根据身体状态而定。

（三）注意事项

（1）爬坡遇到弯道时，尽可能靠外道骑行。这是因为外弯道虽然距离较长，但坡度较缓、省力；内弯道距离虽然较短，但坡度较陡、费力。

（2）爬坡时，尽可能保持正前方直线骑行。

（3）在经过陡峭路段、崎岖路段或感到肌肉疼痛时，可起身骑行。

（4）在爬坡前，做好充足的心理准备，要充满自信心。

(5) 在进行爬坡练习时，要注意戴头盔，做好保护措施。

二、变速技术

变速技术是骑行过程中调节车速的一项重要技术，需要利用链条和不同的飞轮及牙盘的配合来调整车速的快慢。牙盘越大，飞轮越小，蹬踏时越费力；牙盘越小，飞轮越大，蹬踏时越轻松。科学、合理地运用变速技术，可使骑行快而轻松，并能够应对不同的路况，达到降低车损、防止身体损伤的目的。

（一）变速系统的使用方法

变速系统由牙盘、飞轮、链条和拨链器等部件构成，通过调节牙盘和飞轮来改变骑行速度。24段速是指牙盘为3个挡位，飞轮为8个挡位，一般认为"3×8=24"，故简称24速变速器。遇到上坡特殊路况时，需要扭矩大、速度慢，可将牙盘和飞轮调为1挡，这时候扭矩最大，适合较陡的路面或山地。通过改变牙盘与飞轮的匹配，达到蹬踏速度与力量的最佳结合，一般搭配如表3-2-1所示。

表3-2-1　不同路况下牙盘与飞轮的齿轮配合（山地车24段速）

路况	牙盘（前齿轮）	飞轮（后齿轮）
上坡	1挡	3、2、1挡
平地	2挡	7、6、5挡
下坡	3挡	7、6、5挡

(二) 主要动作要领

在平坦的道路上骑行时，牙盘通常用 2 挡，飞轮可以选择 5、6、7 挡（一般不用最大的 8 挡），骑行姿势呈基本骑行姿势；如果想提高速度，可以将飞轮变到 8 挡，使牙盘和飞轮变成 2-8 组合；也可以将牙盘变到 3 挡，使牙盘和飞轮达到最高的 3-8 组合；还可通过提高踏频和蹬踏力量来提高骑行速度。若想减速，则先减牙盘到 2 挡，再减飞轮到 7、6、5 挡。

(三) 练习方法

（1）将自行车后轮架空练习变速技术，体会扭矩的变化。

（2）在平地上，牙盘分别为 1、2、3 挡时，尝试不同的飞轮挡位，体会速度与扭矩的关系，寻求个人最佳挡位搭配。

（3）在坡道练习时，根据坡度大小，尝试不同的压盘和飞轮搭配，同时结合个人的体能状况，选择合适的挡位搭配。

(四) 注意事项

（1）使用最大牙盘的时候尽量不使用最大飞轮，否则会使后拨弹簧以及前拨弹簧的张力拉到最大，链条倾斜也比较严重；最小牙盘和最小飞轮尽量不要同时使用，否则链条的扭曲程度较高，倾斜较严重，且此时链条最松；颠簸时容易击打车架，都会使链条和变速器的寿命变短、精度降低。

（2）长期使用牙盘挡位为 2、3，飞轮挡位最高为 8 时，

骑行阻力较大，使膝关节长期处于紧张、发力的状态，这样会损害膝关节。

（3）下坡、顺风、平路保持高速骑行时，采用提升牙盘挡位，降低飞轮挡位的搭配。

（4）上山时，将牙盘调为1挡，根据坡度大小，调节飞轮。

三、跟随技术

跟随技术是公路自行车竞赛中经常使用的一种技术。正确运用跟随骑行技术，可借助前面骑行者冲破空气阻力所产生的涡流推动车子前进，达到减少自身体力消耗的目的，从而有利于取得较好的运动竞赛成绩。

（一）主要动作要领

（1）跟车骑行时，头稍微抬起，目视前方，余光看到前车的后轮即可。

（2）缩短与前车的距离，以观察前面路况。公路骑行时，跟车距离一般在15~30厘米左右。

（3）正面来风时，一人领骑，一路纵队跟在前车左侧或右侧15~30厘米处；左侧来风时，跟在前车右后方；右侧来风时，跟在前车左后方；侧风较大时，跟车距离适当拉近；侧风较小时，跟车距离稍远。

跟随示意图如图3-2-1所示。

图 3-2-1　跟随示意图

（二）练习方法

（1）在有标志线的道路上，进行安全车距跟随技术练习，先进行远距离练习（30～50 厘米），再进行近距离练习（15～30 厘米）。

（2）在专门的训练场地上，先进行两人跟随练习，领骑者变道，跟随者跟随向前骑行，骑行一段时间后互相交替领骑。熟练后，进行三人及以上的跟随练习。

（3）在特殊道段上，进行并排、梯形、雁形等队形的跟随技术练习，加强骑行者的操车技能，提高复杂情况下的应变能力。

（三）注意事项

（1）跟车时，注意力要集中，保持安全车距，避免发生交通事故。发生事故时，跟随者要保持冷静，减速行驶，切勿紧急制动；左侧或右侧即将撞上前车时，身体与车子可向相反方向倾斜，同时将车把向相反方向转动，将两车逐渐分开。

（2）将要跌倒时，两脚要迅速解锁，要有意识地做滚翻动作，用肩部和背部着地，注意保护头部，减轻摔伤程度。

（3）在公路上进行练习时，要遵守交通规则，从左侧超车，不要并排骑行。

（4）下坡时，注意加大行车间距。

四、跨越障碍技术

跨越障碍技术是适用于坑洞、沟壑与伸缩缝、小石头路、积水沟等复杂路况的骑行技术。可根据不同的路况，灵活使用齐足跳、向前跳跃、向后跳跃、横向跳跃等跨越障碍技术，使骑行更加顺畅，避免伤害事故的发生。其中，齐足跳是骑行过程中较为常用的跨越障碍技术，下面介绍其主要动作要领、练习方法及注意事项。

（一）主要动作要领

（1）看准前面的障碍物，保持比较合适的速度前进，在碰到障碍物之前，四肢微微弯曲，形成下蹲的姿势，蜷缩在自行车上。

（2）在自行车前轮将要碰到障碍物时（相距大约50厘米），双手向下按压自行车前部，同时双腿向下用力踩踏，然后手臂用力上拉，使身体向上，并把车把抬起。

（3）前轮越过障碍物后，拉动车把，双脚向后、向上猛拉，此时车轮离开地面，沿着前轮的轨迹向前滑动。

（4）将身体重心前移和后移，重心前移有助于前轮着地，后移则有助于前轮抬起，可以先让后轮着地，再让前轮着地。

跨越障碍示意图见图 3-2-2。

图 3-2-2　跨越障碍示意图

（二）练习方法

（1）先在平地上进行提车头练习，再练习自行车后轮跳跃及落地动作，最后进行齐足跳完整动作练习。

（2）先在平地上进行无障碍物的模仿练习，再在有保护的情况下进行有障碍物的练习。

（3）在特殊路况上进行齐足跳技术练习。

（三）注意事项

（1）在骑行过程中，根据实地情况，并借助斜坡或沟壑的边缘起跳，可跨越较长的距离。

（2）在前轮将要碰到障碍物的时候，注意双腿和手臂不要同时用力拉车，否则会出现身体抬起但车轮还没有抬起的状况，导致车轮撞上障碍物而减速或翻车。

（3）在跨越障碍过程中，注意重心的前、后、上、下移动。

五、摇车技术

摇车技术是指车手与自行车配合，进行有节奏的左右摇动。骑行者选择恰当的时机并正确运用摇车技术，有助于在起步阶段获得较大的加速度；有助于在长时间骑行中活络血液，放松肌肉；有助于在上坡路段达到较大功率输出；有助于在冲刺阶段提高冲刺速度。

（一）动作要领

（1）双手紧握车把，控制车把和身体重心，保持头部抬高往前看的姿势。

（2）臀部离开座垫，双脚与地面平行，右脚蹬踏时，右手向上提拉，同时左手向下按车把，车身即向左倾斜；左脚蹬踏时，左手向上提拉，右手向下按车把，车身即向右倾斜；依次反复蹬踏。

（3）摇车过程中，重心略前倾，车子在身体下左右摆动，肩膀和腰部的动作上下起伏，注意车摇人不摇。

摇车示意图见图 3-2-3。

图 3-2-3　摇车示意图

（二）练习方法

（1）加强腰腹力量和手臂力量练习。

（2）先进行小幅度摇车，再进行大幅度摇车。

（3）先在平地上练习，然后在小坡道上练习。

（4）在低挡位上进行慢踏摇车技术练习，体会手、腰、脚协调发力的感觉。

（三）注意事项

（1）在人多车多的地方，不宜使用摇车技术。

（2）在遇到颠簸、湿滑、沙石等路况时，尽量不要站立摇车，以免后轮打滑失控摔倒。

（3）在转弯过程中使用摇车技术，车速起伏大而快，但重心易发生偏移，易使后轮脱离地面而摔倒。

（4）可以和冲刺技术、爬坡技术、起步技术等技术相结合，注意无锁鞋时不能进行冲刺摇车。

（5）摇车时，要根据自己的实际情况，选择适合的齿轮比。

六、冲刺技术

冲刺技术是在自行车比赛中取得胜利的关键技术。为了使战术尽可能地多样化，可选择间歇式、跟随式、紧随式、疾驰式等冲刺方式。同时，骑行者可根据自身的能量贮备情况、无氧耐力运动能力，把握恰当的时机，选择合适的冲刺方式，以获得更好的比赛成绩。

（一）主要冲刺方式

（1）间歇式冲刺：在距离终点 800~1 000 米之前，采用间歇性的短暂爆发式用力，并与吸气相配合，然后依靠自行车的惯性行驶。根据骑行者自身特点，增加瞬间发力的次数、减少间歇时间，使肌肉能够有一个短暂放松时刻，缓解疲劳，重新获得新的能量。

（2）跟随式冲刺：在距离终点 600~800 米时，与前车保持 2~3 个车身的距离，跟车行驶，调整呼吸节奏。在离终点还有 100~200 米的距离时，突然加速，提前获得加速度，超越对手，领先到达终点。

（3）紧随式冲刺：在距离终点 300~500 米时，前面只有一名队员、后面队员距离较远且自己不能保证超越对手时，则紧紧跟随前车，距离前车 20~30 米时，给对手施加压力，试探对手实力；必要时，可接近前车，在心理上施加压力，打乱对手节奏。在最后几十米，奋力一搏，以最大力量、最快速度进行终点冲刺。

（4）疾驰式冲刺：在距离终点 100~200 米时，降低身体重心，增强动力，保持正前方直行，高速蹬踏，以最大的速度冲向终点。

冲刺示意图见图 3-2-4。

图 3-2-4　冲刺示意图

（二）练习方法

（1）进行下坡或顺风向冲刺练习，体会高踏频冲刺。

（2）进行爬坡或逆风向冲刺练习，提高腿部肌肉力量及爆发力。

（3）反复进行短距离冲刺练习，可选择在一条 100～200 米的道路上，高速蹬踏，反复进行短距离冲刺练习。

（4）结合摇车技术，进行短距离冲刺技术练习。

（三）注意事项

（1）在进行冲刺时，要避免手部移位或改变位置，以免骑行不稳，浪费时间。

（2）冲刺时，注意观察周围车辆，避免发生碰撞。

（3）冲刺结束后，要预留安全的缓冲区。

第三节｜自行车运动专业技术

自行车运动专业技术包含竞速小轮车启动技术、场地自行车原地起步技术、山地自行车倒地技术、上阶梯技术、Bunny Hop 技术、小轮车空中转把技术和180°旋转技术等。骑行者可根据自身情况学习相应的专业技术，体验完成高难度动作的成就感。

一、竞速小轮车启动技术

在世界 BMX 小轮车竞速项目中，竞速小轮车启动技术是成绩领先的个人和团队普遍采用的技术。

（一）主要动作要领

（1）准备阶段：骑行者上道后，以小轮车的前轮顶住出发挡板，身体保持稳定状态，目视前方，深呼吸，使机体充分吸入氧气，上肢与上体尽量放松，然后腰部和臀部向后移，伸直双臂，最后集中精神，注视出发灯，准备出发。

（2）启动阶段：在出发挡板放倒前的瞬间，骑行者向前蹬车，使小轮车的前轮略微离地抬起，然后上肢和上体向前下方压车把，下肢作用力于踏板上，使小轮车获得动力向前移动。同时，骑行者的上体向前贴近，借助身体的重力和核心力量向前下方跟进，从而获得最大动力。

竞速小轮车启动动作示意图见图 3-3-1。

图 3-3-1　竞速小轮车启动动作示意图

（二）练习方法

（1）可使用摄影机或放像器录制骑行者启动时的动作并加以回放，观察研究后从中找出错误动作并加以改正。

（2）在练习过程中把电子计时器和出发门相连，将第一个计时点设置在 10 米，把第二个计时点设置在第一个土包的前面，把每一次的时间进行记录并与影像相结合，找出最快和最好的启动动作，反复进行训练。

（三）注意事项

（1）启动前，注意力要集中，身体要放松，两眼时刻注视出发灯。

（2）训练过程中，不能只追求技术或体能的片面进步，应注重体能和技术的协同发展。

（3）出发向前蹬车时，注意前轮不要抬得过高，且前轮与挡板的距离也不宜过远。

二、场地自行车起步技术

原地起步技术是场地自行车运动竞赛的重要技术。

（一）主要动作要领

（1）准备姿势：坐姿前曲柄比水平位置略高 10°左右。听到电子信号提示时，双腿微蹬起，臀部离开车座向后撤并略抬高，前腿紧张用力，前脚脚跟稍微抬起，前脚掌用力支撑，躯干带动自行车前后轻微运动，身体处于准备发力状态。

（2）出发姿势：以前脚掌为全身支撑点，前腿用力支撑全身重量，两臂用力，以背为轴，两肩胛为发力点带动躯干急剧向前上方提拉，使整个自行车获得向前的初速度及向上的力，后腿以最大速度带动曲柄随躯干向前上方提拉，前腿自然、积极下压踏板，使曲柄向下运动；出发后，当前曲柄接近于垂直时，前脚踝关节做"收"的动作，后脚踝关节做"顶"的动作，尽快地克服曲柄的上、下死点。当前曲柄越过下方垂直位置后，原来的前脚则积极上提，原来的后脚努力下压。

场地自行车起步动作示意图见图3-3-2。

图3-3-2　场地自行车起步动作示意图

（二）训练方法

（1）结合原地启动的起跑器进行辅助练习，通过辅助性练习掌握启动动作要领。

（2）模拟场地练习为主。

（3）有条件的情况下，采用不同挡位的SRM功率自行车进行练习。

（三）注意事项

（1）注意身体放松，调整呼吸节奏。

（2）出发时注意重心的变化。

（3）起跑时，注意抢先占道。

（4）练习的时候，注意安全保护措施。

三、山地自行车倒地技术

倒地技术是山地自行车骑行技术之一。遇到突发情况时，应当尽早停车；但如果条件不允许，学会正确的倒地技术能将伤害程度降到最低。

（一）主要动作要领

（1）即将摔倒时，应保持原来的前冲力，继续向前骑行，直到支撑不住的时候再摔倒。

（2）蜷缩身体成球状，手臂和双腿紧靠躯干，让躯干承受全部的冲击力。

（3）当身体着地后，顺势向前滚动，直到最后停止。

（二）练习方法

（1）在无自行车的情况下，练习倒地顺势滚动，体会蜷缩翻滚的动作。

（2）在有保护的条件下，练习自行车倒地技术。

（3）在平地低速骑行的过程中，练习自行车倒地技术。

（三）注意事项

（1）摔倒时，可让车子顺势倒下，延长缓冲时间，以减少损伤。

（2）骑行者即将与近旁的物体相撞时，应尽可能地向前或向后倒地。

（3）摔倒时，以肩膀着地，注意保护锁骨。

（4）如果在下坡过程中摔倒，且没有办法补救时，可从车子后面跳下，以减轻摔伤程度。

（5）练习时，注意穿戴好保护装备。

四、上阶梯技术

上阶梯技术是在掌握一定的跳跃技术和平衡技术的基础上，稍微施加向上的力量越过较低台阶的技术，它是自行车运动中一项非常实用的技术。

（一）主要动作要领

（1）采用站立骑行姿势，以斜方向减速进入阶梯，把前轮上提到第一或者第二个阶梯，踏蹬的同时，上体稍微往后。

（2）拉前后刹车，两手用力均等，身体稍微向前倾，车把刚好在胸前，并把车把向下压。

（3）后轮碰到台阶的瞬间，上体向前屈并向前推车把，同时用力踏蹬使后轮浮起。

（4）后轮越过阶梯后，俯身缓冲。

骑行上阶梯动作示意图见图3-3-3。

图 3-3-3　骑行上阶梯动作示意图

（二）练习方法

（1）在平地上进行连续的骑行跳跃练习，模仿上阶梯练习的动作。

（2）由低速开始，逐渐加大速度进行上阶梯练习。

（3）练习时，先进行高度较低的阶梯练习，熟练后再进行高度较高的阶梯练习。

（三）注意事项

（1）上台阶时，齿轮比要小。

（2）上阶梯过程中，若能维持平衡可连续上阶梯；若平衡掌握不好，可以在原地做跳跃练习，动作熟练后再继续上阶梯。

（3）练习时注意做好防护措施。

五、Bunny Hop 技术

Bunny Hop 是自行车技巧运动的动作之一，也称为"兔跳""海豚跳"。此技术广泛应用于山地车、BMX 小轮车、攀爬车、街车，甚至公路车等众多自行车运动。

（一）主要动作要领

（1）起跳前，保持曲柄水平状态，后脚尖指向地面，膝盖弯曲，上身前倾，成站立骑行姿势，重心保持在中心位置。

（2）起跳时，重心由前向后移动，两手用力提拉车把，身体在站立的同时，以脚踏板为基础向上跳跃，双脚发力利用胎压向上跳起，前后轮依次腾空，重心由后向前移动；跳跃至最高点时，双臂用力向前推车把，重心由前向后移动。

（3）落地时，前轮先落地，上体前倾、两臂弯曲、重心下移；后轮落地后，利用双臂和双腿弯曲吸收落地时的冲力，之后成基本骑行姿势。

Bummy Hop 动作示意图见图 3-3-4。

图 3-3-4　Bunny Hop 动作示意图

（二）练习方法

（1）在空旷的平地上，先进行提前轮的练习，再进行同时提前后轮的练习，最后进行完整动作的练习。

（2）在开阔地带利用障碍物进行练习，障碍物高度要逐渐增加。

（三）注意事项

（1）起跳后，注意人车呈"V"字型。

（2）后轮腾起后，注意双脚不要离开脚踏板。

（3）跳跃时，时机最重要，要找到向后拉和向前推的时机，不要向下压车把。

六、小轮车空中转把技术

空中转把是小轮车运动特有的技术动作，它是在"兔跳"的基础上进行空中转把的花式表演动作。

（一）主要动作要领

（1）在完成"兔跳"后轮离开地面时，两臂微屈，保持曲柄水平状态，后脚尖指向地面，身体成站立姿势。

（2）在空中转把时，上体前倾，两臂弯曲于胸前，双腿夹住车身，接着一手松车把，另一手用力旋转车把一圈，随后两手依次平稳接住车把。

（3）落地前，两手扶稳车把，身体成站立姿势，准备落地缓冲。

（4）落地时，上体前倾、两臂弯曲、重心下移，利用双臂和双腿弯曲吸收落地时的冲力。

小轮车空中转把动作示意图见图 3-3-5。

图 3-3-5　小轮车空中转把动作示意图

（二）练习方法

（1）在平地上练习并掌握"兔跳"技术，且逐渐提高腾空高度。

（2）在平地上将前轮提起，并且用膝盖顶住脚踏，让前轮保持离地，然后练习转车把。熟练之后，再进行完整的空中转把技术练习。

（三）注意事项

（1）练习时，确保穿好防护装备。

（2）练习时，不要心急，逐渐增加动作难度，不要一开始就做难度太大的动作，以防出现安全事故。

（3）空中转把时，要用双腿夹住车身，防止车子离开身体。

七、180°旋转技术

180°旋转技术是一种边飞跃边扭转身体的技术。该技术的使用范围较广，常在小斜坡或下阶梯时使用。

（一）动作要领

（1）起跳前，视线放在前轮胎前，保持曲柄水平状态，后脚尖指向地面，膝盖弯曲，上身前倾，重心下压。

（2）起跳时，两手用力提拉车把，身体站立的同时，以脚踏板为基础向上跳跃，双脚发力利用胎压向上跳起，前后轮依次提起，同时向一侧转动车把；后轮离地后，上体前倾，两臂弯曲，利用身体扭转完成空中转体180°。

（3）落地时，两臂伸直，身体呈站立姿势；前后轮依次落地，屈膝、屈臂、落重心进行缓冲，随后保持骑行姿势。

180°旋转技术动作示意图见图3-3-6。

图3-3-6　180°旋转技术动作示意图

（二）练习方法

（1）首先进行跳跃练习，逐渐提高腾空高度。

（2）以前轮为轴进行旋转练习，逐渐增加旋转角度。

（3）尝试做完整动作，逐渐克服恐惧心理。

（4）掌握完整动作后，再进行连续的180°旋转练习。

（三）注意事项

（1）旋转180°时，要把握旋转时机，多加练习。

（2）练习时，要确保做好安全防护措施。

（3）不建议初学者尝试此动作。

第四章

自行车运动伤害的预防与处理

自行车运动带给人类的好处是毋庸置疑的，但同时自行车运动也会带来运动性疾病和运动损伤的问题。本章将就常见的运动性疾病和运动损伤的预防与处理以及运动损伤的急救进行介绍。

第一节 常见运动性疾病预防与处理

运动性疾病是指人的机体对体育运动不适应或者训练安排不当，造成体内机能紊乱而出现的一类疾病。

一、运动性疾病产生的原因

运动性疾病产生的原因主要有以下几个方面：
(1) 运动前准备活动不充分。
(2) 本身处于病理状态。
(3) 运动前饮食量过多或在饥饿状态下运动。
(4) 精神紧张、焦虑。
(5) 身体素质较差及训练不合理。
(6) 营养素补充不足。
(7) 运动场地环境较差。

二、运动性疾病的预防

（一）加强健康教育

通过就诊、上网查询、听讲座等方式了解运动性疾病发生

的原因、特点及危害，提高对运动性疾病的认识，增强科学运动与自我保护意识。

（二）遵守科学运动原则

（1）认真做好运动前准备活动。准备活动的目的是提高中枢神经系统的兴奋性，增强肌肉、韧带的柔韧性和弹性，以适应机体运动的需要，为正式运动做好各方面的准备。

（2）注重日常的身体锻炼，运动量要循序渐进，不可超负荷剧烈运动；在教练指导下强化专项技术动作练习时，做到准确、稳定、安全、规范。

（3）根据气候条件及运动项目特点，合理安排场地和运动量。

（4）要避免饱食后运动，也要避免在饥饿状态下运动。

（5）运动补水要科学。运动前、中、后都要补水。运动前2小时补水250~500毫升；运动中每15~20分钟补水120~240毫升，运动后按运动中体重的丢失量，体重每下降1千克需补水1升。

三、常见运动性疾病

（一）运动性晕厥

运动性晕厥是由于剧烈或长时间运动，使精神及身体器官过度紧张、血管收缩、血液循环受到影响而引起的暂时性知觉和行动能力丧失现象。

1. 发病原因

（1）单纯性晕厥。单纯性晕厥，又称血管抑制性晕厥，主要是由于情绪不稳定、身体疼痛、赛前紧张以及强烈的精神刺激等因素引起。晕厥前期常有头晕、眩晕、出汗、恶心、面色苍白、肢体发软等表现，晕厥会持续数秒或数分钟，之后会自然苏醒。

（2）重力性休克。运动员以下肢为主进行运动时，下肢肌肉的毛细血管大量扩张，其供血量比安静时增加20~30倍，这时如果站立不动，就会使大量血液瘀积在下肢血管中，回心血量减少，心输出量骤减，血压下降，从而导致脑供血不足，引起晕厥。

（3）低血糖性晕厥。低血糖性晕厥也是运动性晕厥中较为常见的一种类型，多见于体内糖原储备不足且在长时间剧烈运动后期糖原耗竭时。其先兆表现主要有头晕、无力、强烈的饥饿感、恶心、冷汗、行为突然改变等。如未能及时补充糖，可导致晕厥甚至昏迷。

（4）心源性晕厥。心源性晕厥是比较危险但又是十分常见的一类晕厥。发作与体位无关，发作时面色苍白、大汗，有时伴有紫绀、呼吸困难、颈静脉怒张，心率、心律、心音和心电图多有异常表现。

（5）中暑性晕厥。中暑性晕厥多发生在高温、高湿的环境中，尤其是在无风环境下进行大强度长时间地训练或比赛时更易发生。其先兆一般表现为头昏、头痛、胸闷、大汗、严重口渴、恶心、呕吐、心动过速和肌肉痉挛等。如没有降温措施而继续运动，可出现晕厥甚至死亡。主要因为在该特殊环境中，人体的体温调节能力下降，导致体温升高，引起多器官的功能障碍，尤其是中枢神经系统功能障碍。另外，大量出汗，致使体内水、电解质失衡也是一个重要原因。

2. 处理

出现运动性晕厥时，应尽量查明原因，给予恰当的抢救和处理。一般来说，当出现运动性晕厥时，应使患者平卧位，取头低脚高位，松解衣领和腰带，做向心性按摩，促使回心血量增加；同时保持呼吸道通畅，必要时可针刺或用力掐足三里、内关、人中等穴位，患者一般会较快恢复正常，若没有恢复的迹象应及时送医院抢救。

对于低血糖性晕厥，除了一般处理，应及时补糖。如处于意识不清的状态时，严禁口服补糖，以免误吸入呼吸道，引起吸入性肺炎，这时应及时送往医院抢救。

对于心源性晕厥应及时送往医院抢救。

对于中暑性晕厥应及时将患者转移到阴凉通风处，进行降温处理，可对其头部进行冰敷或冷敷，并通过掐压人中等方法促使患者清醒。如无法使患者清醒，要及时送往医院抢救。

3. 预防

（1）运动前做好身体检查，可做心电图、血压、脑电图、血红蛋白等项目检查，尽早发现隐匿性疾病。

（2）要坚持循序渐进、科学的训练原则。在运动中要注意进行医学观察，尤其是身体状况不佳者，要做好准备活动，同时控制运动量。

（3）参加剧烈活动前要调整心理状态，克服过度紧张或激动情绪。

（4）避免在较热天气和日光直射情况下进行运动和训练；对于长时间大运动量的训练，应补充足够的糖、水和电解质。

（5）训练中当出现晕厥的先兆时，不要立即停下，要做适当的放松和深呼吸，调整一段时间后再停下，随后俯身低头，以免晕倒。一般来说，患者休息片刻后即可清醒。

（6）对于曾经出现过晕厥的，应仔细查明晕厥的原因，避免再次发生晕厥而造成伤害。

（二）运动性猝死

世界卫生组织认为，猝死是指急性症状发生后即刻或者6小时内发生的非创伤性意外死亡。因此，一般认为运动性猝死是指在运动过程中即刻或运动后6小时内发生的非创伤性意外死亡。总之，患者从发病到死亡的间隔时间短是运动性猝死最重要的特征。

1. 发病原因

（1）心血管疾病和器质性异常。

根据文献报道，运动性猝死绝大多数是心源性猝死和脑猝死。日本学者对运动性猝死的原因进行了专门的病理资料分析，认为无论是中老年人还是年轻人，在体育活动中发生猝死的主要内在原因是其心血管系统患有不同程度的进行性疾病。我国学者的研究也显示，造成运动性猝死的原因以心肌梗塞、先天性心脏病和心肌炎等心源性猝死为多见。

（2）过度疲劳和超负荷运动。

在国内运动性猝死的研究报道中，有不少病例分析表明，尸解未发现任何心脏器质性病变和异常，其死因可能是因运动

负荷已超出其承受范围，心脏循环系统不堪重负，需要的血液量和氧气量突增，而供给量却相对减少，在这种血氧供不应求的状态下，运动者的心肌会出现急性缺血、心脏停搏和脑血中断，进而发生运动性心脏猝死和脑性猝死。

（3）缺乏锻炼，体力不足。

运动生理学家弗里德曼等人认为，运动过度和体力不足容易引起心肌梗死并导致猝死发生。许多人平时学习、工作繁忙，没时间或不喜欢体育锻炼，从而造成体力不足。这些人如果在短时间内进行大运动量的锻炼，甚至不顾身体状态进行大强度运动，就会给身体造成很多潜在威胁，特别是患有潜伏性心脏病的人群，其危险性更高。

2. 运动性猝死的症状

运动性猝死一般在发病前，患者会感到短暂的心绞痛、哽噎、咽东西费劲，出现胸闷、浑身无力、头晕、心慌、气急、心动过速、呼吸困难和疲劳等症状。

3. 运动性猝死的抢救

按照"心脏停搏15秒意识丧失，30秒呼吸停止，60秒瞳孔散大固定，4分钟糖无氧代谢停止，5分钟脑内ATP枯竭、能量代谢完全停止"的一般规律，应在现场进行争分夺秒地抢救，这对患者的复苏起关键作用。可采用胸外心脏挤压和人工呼吸方式帮助患者复苏。

4. 运动性猝死的预防

（1）运动前要进行体格检查，及早识别可能发生运动性猝死的高危人群。

运动性猝死高危群体是指患有心脑血管疾病或有严重的其

他疾病的人群及有冠心病危险因素的人群或有猝死家族史的人群。在运动前进行体格检查，有助于提前识别运动过程中可能发生的运动性猝死，做好预防措施。

（2）加强医务监督，重视运动性猝死先兆症状。

教练员与高危群体锻炼者应具备识别心脏猝死危险讯号的基本知识，运动过程中发生昏厥、心绞痛、胸闷、胸部压迫感、眩晕、头痛等症状时，要高度重视，及时终止运动，送往医院进行详细检查。

（3）高危群体应具有特殊的运动保健知识。

高危群体在锻炼时宜慢不宜快，要保持呼吸通畅，锻炼结束时要做适当的放松，以防止"重力性休克"。要避免在过热或过冷的环境中进行锻炼。运动时不能大量喝水，要避免加大心脏的负担；运动后不要马上热水浴，否则，全身血管就会扩张，需氧量激增，就有可能发生猝死。急性扁桃体炎、麻疹、发热患者应尽量避免运动，否则会导致病毒侵袭，引发心脏疾病，从而造成心血管意外而发生猝死的现象。高危群体还应增强自我保护意识，在锻炼过程中如有感冒、发热、身体不舒服、例假等状况时，应该及时停止锻炼，以免出现意外。

（4）加强宣传普及运动性猝死的急救知识和方法。

运动性猝死病程短，发病突然，防不胜防。现场及时抢救和开展心肺复苏是降低猝死率最为有效的措施，因此，要加强宣传普及运动性猝死的急救知识和方法，这样在发现猝死情况时方能及时抢救。

（三）肌肉痉挛

肌肉痉挛，又称"抽筋"，是指肌肉发生不自主的强直性收缩。运动中最易发生肌肉痉挛的部位是大腿骨后肌群、小腿腓肠肌，其次是足底部的屈拇肌和屈趾肌。

1. 发病原因

（1）寒冷刺激。

肌肉受到低温刺激，兴奋性增加，易发生强直性收缩。

（2）电解质丢失。

运动过程中大量出汗，电解质丢失过多，肌肉兴奋性增高，会引起肌肉痉挛。

（3）肌肉连续过快收缩。

在剧烈运动中，由于肌肉连续快速收缩，而放松时间太短，也会引起肌肉痉挛。

2. 主要症状和体征

肌肉痉挛的表现是痉挛的肌肉僵直发硬、麻木难忍、疼痛难忍，肌肉涉及的关节，伸屈功能发生一定障碍。

3. 处理与预防

发生肌肉痉挛时不必紧张，可以通过做反方向牵引来缓解。

出现大腿肌肉抽筋时，可以自己伸直脚掌，用脚趾做抓挠状，也可以向相反的方向掰腿，使腿伸直，肌肉拉直，抽筋的现象就会得到缓解；小腿肌肉痉挛时，可伸直膝关节，用力勾脚尖；屈拇肌和屈趾肌痉挛时，可用手握住抽筋的脚趾，用力向身体方向拉。若配合局部按摩，效果会更好。

预防肌肉痉挛最好的方法就是加强锻炼，提高肌体的耐寒能力，运动前做好准备，冬季锻炼要注意保暖。

（四）运动性腹痛

运动性腹痛是指在运动过程中或运动结束后产生的腹部疼痛。腹痛是运动中较常见的一种症状，特别易发生在自行车、长跑、竞走、篮球等运动项目中。

1. 发病原因

（1）胃肠痉挛。

空腹锻炼、饭后过早运动、运动前进食太多等，都容易引起胃肠痉挛，导致腹痛。此外，腹部受凉、蛔虫的刺激以及宿便也能引起胃肠痉挛，而导致腹痛。

（2）腹直肌痉挛。

平时缺乏锻炼，准备活动不充分或运动开始时速度太快，运动量过大使人体排出大量的盐分而得不到及时补充，都会导致腹直肌痉挛，而引起腹痛。

（3）腹部慢性疾病。

患有肝炎、胆道疾病、消化道溃疡、阑尾炎、肠道寄生虫等腹腔内疾病者参加剧烈运动，都易发生腹痛。

2. 处理

发生运动性腹痛时，可采取降低骑行速度，调整呼吸，同时按压疼痛部位运动一段时间的措施，疼痛一般会减轻或消失。如果这样处理后疼痛仍不能减轻或反而加重，应立即停止骑行，到医院进一步诊断和处理。

3. 预防

（1）合理安排膳食，养成良好的饮食习惯；合理安排运动时间，饭后 1 小时之后方可进行剧烈运动。

（2）骑行前应做好充分准备活动，骑行中调整呼吸节律，适当地补充无机盐。

（3）各种腹部脏器的慢性疾病应及早就医检查，在疾病未愈或大病初愈时，应减少或暂停大强度练习。

（五）运动性贫血

运动性贫血是由于运动引起的血红蛋白（Hb）降低而出现的贫血。国内诊断运动性贫血的标准为：14 岁以下的儿童、少年运动员贫血的标准为男或女 Hb＜120 克/升；成年人运动员贫血的标准为女 Hb＜105 克/升、男 Hb＜120 克/升。

1. 主要症状和体征

运动性贫血的症状主要表现为头晕眼花，全身乏力，易疲劳，食欲不振，在运动中出现心慌、气短等。其体征为皮肤与黏膜发白，心率快，心尖部可听到收缩期杂音。

2. 预防与康复

（1）饮食中增加铁的摄入量。可选择含铁丰富的食物，如动物肝脏、海带等。

（2）饮食中保证蛋白质、维生素和叶酸的摄入量。B 族维生素是目前膳食中最容易出现摄入不足的维生素，也会影响血红蛋白的合成，因此应注意增加含 B 族维生素的杂粮供应，保证机体有充足的 B 族维生素摄入。

（3）患有运动性贫血的人群应避免从事时间长、负荷大的运动。出现运动性贫血时要尽量减少运动量或立即停止运动。

（六）运动性哮喘

运动性哮喘（EIA）是指在剧烈运动后出现的大、小气道阻塞，阻塞的严重程度与气管过度反应性直接有关。通常起病急，发病地点大多是运动场，发病时患者出现胸闷、喘息、呼吸困难等症状，如果气道阻塞严重导致全身器官缺氧或并发气胸等急重症时，可危及生命。

1. 发病原因

绝大多数运动性哮喘患者有特应性素质或家庭过敏史，常常伴有过敏性鼻炎症、湿疹和荨麻疹等过敏性疾病。剧烈运动后因过度呼吸使气道黏膜的水分和热量丢失，呼吸道上皮暂时出现克分子浓度过度，导致支气管平滑肌痉挛，从而引起哮喘。

2. 主要症状

运动性哮喘通常在持续 5~10 分钟的剧烈运动后，或是运动停止后 5~10 分钟内出现，也可在运动过程中出现，表现为胸闷、喘息、咳嗽、呼吸困难，可闻及以呼气相为主的哮鸣音，呼气相延长，还可有精神紧张、胃部不适、咽痛等症状。持续 0.5~1 小时左右可逐渐缓解，严重者可持续 2~3 小时，并且需要药物治疗。

3. 处理

运动性哮喘通常在休息后可自行缓解。发作时，患者应立即停止运动，勿跑动或惊慌，这时可给患者吸入 β2 受体激动

剂，待其呼吸明显好转后，送医院做进一步药物治疗和呼吸功能检查。

4. 预防

（1）该病与冷空气刺激呼吸道有关，运动时应注意保暖，冬季室外运动时应先做必要的准备活动。如运动性哮喘屡有发生，应在运动前服用酮替芬或吸色甘酸钠气雾剂进行预防。

（2）加强营养，提高身体免疫力；加强呼吸肌的锻炼；有明确过敏原者避免接触或吸入过敏原；积极预防和治疗上呼吸道感染。

第二节 常见运动损伤预防与处理

运动损伤不同于一般的工作或日常生活中的损伤，它多与体育运动项目及技、战术动作特点密切相关。在自行车运动中，运动损伤以急性损伤相对较多，如擦伤、撕裂伤、肌肉拉伤以及关节韧带扭伤最为常见。此外，胫、腓骨疲劳性骨膜炎、脑震荡等损伤也是自行车运动的预防重点。

一、擦伤

擦伤是皮肤受到外力摩擦所致的皮肤表面损伤，伤处可见出血或组织液渗出。自行车运动中擦伤的部位主要有大腿内侧、腹股沟等。

（一）处理与康复

（1）对于创口浅、面积小的擦伤，可用生理盐水清洗创面，用75%的酒精消毒创口周围皮肤继而涂抹红汞或紫药水，无须包扎。

（2）对于关节附近的擦伤，在经上述消毒处理后，创面多涂抹消炎抗菌软膏，并用无菌敷料覆盖包扎，以免影响关节活动。

（3）如创口有沙子、泥土等污染物或异物，则需要用生理盐水冲洗创口，必要时可用消毒刷将异物刷净，然后再予以消毒包扎。若创口较深、污染较重，还应注射破伤风抗毒血清及予以抗生素治疗。

（二）预防

（1）骑行前，在身体皮肤脆弱的地方涂上一层薄薄的润滑霜或者凡士林。

（2）骑行中，应穿着用合成材料制成的衣物或紧身氨纶骑行装，紧身氨纶骑行装有助于减少大腿内侧的擦伤。

（3）皮肤上的盐晶体是引起擦伤的一种摩擦物，自行车运动中应注意补充水分，促进身体排汗，防止盐晶体的形成。

二、撕裂伤

撕裂伤是指皮肤包括皮下组织受到外力打击而引起的皮肤组织撕裂。撕裂伤一般发生在自行车竞赛场合，当多辆自行车发生意外碰撞时，车辆的尖锐部分对皮肤容易造成伤害。一般

以头面部撕裂最为常见。

如撕裂口较小，消毒处理后用创可贴黏合即可；如撕裂口较大，则应缝合裂口以止血；如裂口深且有污染时，还需注射破伤风抗毒血清及予以抗生素治疗。

三、肌肉拉伤

肌肉拉伤是指肌肉主动猛烈收缩或被动过度牵拉，超出了肌肉本身所能承受的限度而引起的肌肉组织损伤。小腿腓肠肌、大腿后群肌和腰背肌等是自行车运动中的易伤肌肉。

（一）症状诊断

诊断肌肉拉伤的主要依据是肌肉有疼痛、压痛、肿胀、抗阻痛及收缩畸形等症状。

（1）疼痛。疼痛是肌肉拉伤的主要症状。轻者，重复做受伤动作时伤处疼痛，但伤处处于休息位时不痛，可以行走；严重者，行走疼痛，并伴有跛行。

（2）压痛。局部有明显的压痛感，肿胀出现后压痛广泛，且肌肉的张力增高。

（3）肿胀。其程度视损伤轻重而异，严重者皮下出血、渗出液较多、肿胀明显，很快可见瘀斑形成。

（4）肌肉抗阻力试验呈阳性。肌肉抗阻力试验是检查肌肉拉伤的一种简便有效的方法，是指检查者在伤者做受伤肌肉的主动收缩运动时，给予该肌肉运动施加一定的阻力，伤者在完成抗阻力收缩过程中，若伤处出现明显疼痛，则为阳性。

（5）如损伤后肌肉疼痛，肿胀明显，出现收缩畸形，于局部可触及肌腹处凹陷、"双驼峰"畸形及一端异常膨大，则为肌纤维部分断裂或完全断裂。

（二）处理与康复

发生肌肉微细损伤或肌纤维轻微撕裂时，应立即实施冷敷，减少局部的肿胀，同时给予加压包扎，并抬高下肢。24～48小时后拆除包扎，进行按摩、针灸、理疗等。疑有肌纤维部分断裂或肌肉完全断裂或伴有血肿的严重损伤，经加压包扎、固定伤肢等急救处理后，迅速送至医院尽早手术缝合。受伤后应立即停止运动，不要勉强坚持。症状减轻后方可开始活动并随伤情好转而逐渐增加活动量，直至恢复正常。

（三）预防

（1）剧烈骑行前，要做好充分的准备活动，尤其是易伤部位，着重加强该部位的肌肉力量和柔韧性练习，以提高动作的协调性。

（2）骑行过程中，注意观察肌肉反应，出现肌肉僵硬或疲劳时，应减小运动强度或停止运动，进行局部按摩，尤其是在环境温度较低、湿度较大的情况下要予以重视。

（3）做肌肉的各种练习以及受伤后恢复锻炼时，必须循序渐进，并根据区别对待的原则，安排好局部的运动量。

四、关节韧带损伤

关节韧带损伤是自行车运动中十分常见的运动损伤，主要是由于膝关节运动过多、受到的冲击较大造成的。自行车运动中常见的关节韧带损伤主要有膝关节半月板损伤、髌骨劳损等。

（一）膝关节半月板损伤

1. 症状诊断

多数患者有典型的外伤史，受伤时膝内有撕裂感。半月板损伤常合并滑膜损伤，或半月板活动牵拉滑膜而产生疼痛。受伤早期患膝积血积液而肿胀显著，慢性期有少量积液。膝关节活动时，可听到清脆的响声，常伴有疼痛。在行走或做某个动作时，因破裂的半月板突然移位，被卡在股骨髁与胫骨平台之间，会出现膝关节不能屈伸的"绞锁"现象。

2. 处理与康复

（1）急性期主要是治疗急性创伤性滑膜炎，以制动、消炎、止痛为主，并适当配合股四头肌绷紧练习，以防肌肉萎缩。

（2）若关节积血肿胀明显，应在无菌操作下抽出积血，然后用石膏托或棉花夹板加压包扎固定于微屈位 2~3 周，同时局部可外敷消炎、止痛的中药，并结合按摩、理疗等进行治疗。

（3）慢性期应视症状轻重不同逐渐增加下肢负荷，严格避免做重复受伤动作，以防再次受伤。若症状较重，经常"绞锁"，妨碍体育锻炼，宜手术治疗。

3. 预防

（1）每次训练或锻炼前，要做好准备活动，提高关节的灵活性和协调性。

（2）在运动中要掌握自我保护方法，身体疲劳时不要参加剧烈运动，或减少运动负荷量和强度。

（3）要加强下肢肌肉力量训练，提高膝关节的稳定性和灵敏性。

（4）伤病初愈恢复体育锻炼或训练时，要遵守循序渐进原则，以防受伤。

（二）髌骨劳损

1. 症状诊断

髌骨劳损发病缓慢，症状渐起，患者一般有慢性发病史。早期在大运动负荷训练后会感到膝关节酸软无力，但休息后症状多可消失。随着损伤程度的加重，会出现持续疼痛，严重者走路和静坐时也痛，同时膝关节常有轻度积液。按压并上下、左右推动髌骨时，可有髌骨压迫痛。做抗阻伸膝试验时多在伸至110°～150°之间疼痛，单足半蹲试验和髌骨软骨摩擦试验呈阳性。晚期X线片上会发现髌骨关节间隙变窄、髌骨关节面上下缘骨赘、髌韧带增厚或钙化等症状。

2. 处理与康复

（1）当膝盖受伤时，应当停止运动，静坐休息，保持放松，可以用冰敷的方式缓解疼痛。

（2）陈旧性膝关节劳损应热敷、针灸，按摩肌肉和韧带，同时外敷中药或中药渗透药。

3. 预防

（1）要合理安排运动负荷、改进训练方法、注意训练节奏、避免膝部负荷过度。

（2）自行车骑行时要掌握正确的动作要领，纠正错误骑行动作。

（3）运动后要及时擦干汗，注意膝部保暖，防止受风着凉，并采用按摩、热水浴等方法加速疲劳的消除。

（4）尽早进行关节功能锻炼，但要注意循序渐进。

（5）冬天骑行时要特别注意膝盖的保暖，保持血液循环畅通。

五、胫、腓骨疲劳性骨膜炎

胫、腓骨疲劳性骨膜炎主要是指当小腿肌肉长期处于反复牵拉骨膜的紧张状态时，会导致骨膜出现微小撕裂，局部血管扩张、充血、水肿导致的骨膜炎。

（一）症状诊断

（1）早期症状不明显，运动开始后小腿中下段疼痛，并随运动进行逐渐加重，行走时呈跛行；重者小腿内侧或踝关节上方有局限性肿胀，皮肤灼热感；小腿胫骨内侧缘中下段有明显压痛，部分病人呈现小腿上段压痛，可触及单个或串珠状结节或肿块，压之剧痛。后蹬动作乏力，且疼痛剧烈，行走困难。

（2）X线检查可见骨膜增生、骨皮质边缘粗糙。

（二）处理与恢复

（1）早期症状较轻患者，无须特殊治疗，可用弹力绷带将小腿裹扎，减少下肢运动，休息时抬高患肢，大多数患者都可痊愈。

（2）经常疼痛或运动后疼痛较重的患者，应注意休息并用弹力绷带将小腿裹扎，抬高患肢，同时配合中药外敷、按摩、针灸等治疗手段。治愈后重新参加运动时，运动负荷要逐渐增加，以免复发。

（三）预防

（1）骑行前应做好充分的准备活动，提高身体应激状态，减少肌肉沾滞性，对易损伤的小腿胫、腓骨进行重点搓揉活动。

（2）掌握正确的蹬踏和骑行姿势，合理利用腿部力量。

六、脑震荡

脑震荡是指头部受到外力打击造成的轻度脑损伤。

（一）症状诊断

（1）头部受到外力打击后立即出现意识障碍，或出现一时性的意识丧失、神志恍惚。出现上述症状的程度都较轻，时间也长短不一，短则几秒钟，长则几分钟乃至20~30分钟。出现意识丧失时，主要表现为呼吸表浅、脉搏稍缓、肌肉松弛、瞳孔稍有放大但两侧对称，神经反射减弱或消失。

（2）意识清醒以后，出现逆行性健忘，即不能回忆受伤时的经过，但能清楚地回忆受伤之前的事情。伤者多头痛、头晕、情绪紧张，头部转动或变换体位时，症状往往加重，随着伤病的恢复，症状逐渐减轻消失。初时有轻微的恶心、呕吐

感，伤后数天即可消失。

（3）可能出现情绪不稳、容易激动、注意力不集中以及耳鸣、心悸、多汗、失眠等植物神经功能紊乱的症状。

脑震荡的诊断依据主要是：头部有明确的外伤；伤后即刻伴有短时间的意识丧失或神志恍惚；意识清醒后出现逆行性健忘；神经系统检查均为正常。

（二）处理与康复

（1）伤后急救时，要让受伤者保持平卧位，注意安静休息，不可坐起或站立。头部可进行冷敷，同时注意保暖。对于昏迷者，可点掐人中、内关等穴位，以促其苏醒。若呼吸停止，应立即实施心肺复苏术，同时要尽快将伤者送至医院。

（2）在送往医院途中使伤者保持平卧，头颈两侧用软垫予以固定，避免颠簸振动及左右摇晃。意识不清者，可使其侧卧或将头转向一侧，防止呕吐物吸入气管或舌后坠堵住气管而窒息。

（3）休养期间，要注意保持安静的环境和充足的睡眠，卧床休息，直至头痛、头晕等症状完全消失。可用"闭目举臂单腿站立平衡试验"来判断身体是否完全康复。不宜过早地进行骑行运动和过多的脑力劳动。

（三）预防

在自行车运动中应加强自我保护意识，正确佩戴头盔，避免不合理的冲撞和粗暴的动作。学习并掌握从自行车上摔下或跳下时的自我保护动作以及自行车倒地技术。

第三节 | 运动损伤的急救处理

运动损伤的急救处理是指对突然发生或意外发生的运动性伤害事故所进行的临时性的紧急处理方式。其目的在于保护伤者的生命安全，避免二次损伤，减轻痛苦，预防并发症以及便于将其运送至医疗单位。在自行车运动中，常见的运动损伤急救处理主要有出血急救、骨折急救、关节脱位处理和急性闭合性软组织损伤处理等。急救处理是否合理将直接关系到伤者的安全以及身体康复情况。

一、出血的急救

出血一般可分为外出血和内出血。外出血体表有伤口，血液从体表伤口处流出。而内出血体表无伤口，血液从损伤处的血管直接流入组织内、体腔内及管腔内，因其不易被发现，所以其后果较外出血严重。

（一）外出血的止血方法

1. 指压法

指压法是户外自行车运动中常用的止血方法，它包括直接指压法和间接指压法。直接指压法是指用手指指腹直接压迫在出血点处，以使血管闭塞，达到止血的目的。在用直接指压法止血时，要注意预防感染，宜先用消毒敷料等清洁物覆盖在伤口处，再进行指压止血。

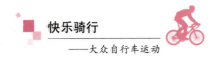

间接指压法是动脉出血时最重要、最有效且方便易行的一种止血方法，即用手指将伤口近心端的体浅表动脉压迫在相应骨面上，以阻断伤口处的血液来源而暂时止血。重要的体表动脉压迫止血点有6个，分别位于以下部位：颞骨处颞动脉、下颌骨处颌外动脉、锁骨处锁骨下动脉、肱骨处肱动脉、腹股沟处股动脉、足部胫动脉。

2. 加压包扎法

此方法适用于小静脉和毛细血管出血的止血。具体操作方法：首先用数层无菌敷料将伤口覆盖好，然后用绷带加压包扎，以压迫伤口部位的血管而达到止血的目的。

3. 加垫屈肢法

此方法适用于肘、膝关节以下部位出血的止血。具体操作方法：前臂或小腿出血时，取一个棉垫放置于肘窝或腘窝，弯曲前臂或小腿，再用绷带将肢体缚于屈曲的位置。

4. 抬高伤肢法

抬高伤肢法是指在用绷带加压包扎伤口后将受伤出血的肢体抬高至心脏水平面以上，使出血部位压力降低，减少出血。此方法适用于四肢小静脉或毛细血管出血的止血，其他情况下仅作为一种辅助的止血方法。

5. 止血带法

此方法适用于四肢大动脉出血的紧急情况，其他情况一般不采用此方法止血。具体方法：用特制的止血带或胶皮带、宽布条等代用品，缚扎在伤口的近心端，一般为上臂上三分之一处或大腿中部，以压迫动脉，阻断血流而止血。由于此方法可使被缚扎处以下的肢体血液循环完全中断，引起肢体缺血性坏死，因此，要注意被缚上的止血带隔一段时间放松一下，以防发生肢体坏死。

（二）内出血的止血方法

当皮下组织、肌肉组织等处的小血管或毛细血管出血时，可采用冷敷、加压包扎等方法止血。若疑有内脏器官出血、体腔或管腔内出血，应立即将伤者送往医院，进行进一步治疗。

二、骨折的急救

（一）骨折的症状

骨折一般是由摔伤、撞伤所致。骨折的症状主要表现为局部疼痛、肿胀、皮下血、功能丧失、出现畸形及关节异常活动，有明显的压痛和震痛等，严重的骨折常常带有口渴、发热、出血、休克和神经损伤等症状。

（二）骨折的急救原则

1. 先防治休克再处理骨折

在出现严重骨折、多发性骨折时，伤者容易发生休克。此时，必须先治疗休克，然后再处理骨折。

2. 就地固定

伤肢未经固定，不可随意移动或搬动以防增加伤员的痛苦，导致休克。

3. 先止血再包扎伤口

开放性骨折出血时，应及时采用适当的止血方法止血，然

后再包扎伤口，最后固定伤肢。

（三）骨折急救的注意事项

（1）用于固定骨折的夹板长短、宽窄要适宜。长度要超过伤肢的上下两个关节，使之都能被固定。宽度要和骨折部位相应，不要过宽或过窄。

（2）若没有夹板，可使用树枝、竹片等代用品，也可以将伤肢固定在自己的身体上。夹板要用棉花或软布包垫，以免损伤皮肤或引起压迫性损伤。

（3）固定夹板时，绷带或布条应缚扎在骨折处的上下段。

（4）夹板固定的松紧度要适宜，不要过松或过紧。过松失去固定作用，过紧则会压迫神经和血管。

（5）上肢骨折固定后，应用悬臂带将伤肢固定于胸前；下肢骨折固定后，应与另一侧的健康下肢系在一起。

（6）经固定后应尽快送往医院，尽早接受治疗和康复。

三、关节脱位的急救

（一）关节脱位的症状

关节脱位后，主要表现为疼痛、压痛、肿胀、关节功能丧失以及伤肢出现增粗、缩短、旋转及展收畸形等症状。如关节脱位牵扯或压迫了神经和大血管时，常常并发休克。

（二）关节脱位的急救

关节脱位后，应尽早实施复位。复位时间越早，伤者痛苦越小，复位效果越好。如果关节脱位时不具备整复条件，则用夹板、绷带、三角巾在脱位所形成的姿势下予以固定，并尽快将伤者送往医院，以争取早期实施复位术。没有整复技术和整复经验的救护者切不可随意做任何试图复位的动作，以免加重伤情，影响关节功能恢复。急救时要注意预防休克。

四、急性闭合性软组织损伤的处理

急性闭合性软组织损伤是指一次暴力作用所导致的局部软组织损伤。其发病急、病程较短、病理变化及体征较明显，损伤部位的皮肤或黏膜保持完整，无伤口与外界相通，如肌肉挫伤、关节韧带扭伤、肌肉肌腱拉伤、腱鞘炎等。急性闭合性软组织的损伤处理分为三个时期，即早期、中期和晚期。

（一）早期

早期处理指受伤后 24～48 小时内进行治疗。该期主要特征为局部小血管破裂、组织细胞受损、反应性炎症明显、组织液渗出、出现血肿和水肿等病理变化。临床表现为局部红、肿、热、痛和功能障碍。处理原则：制动、止血、防肿、镇痛和缓解炎症反应。处理方法：冷敷、加压包扎抬高伤肢和制动休息，24 小时后拆除包扎固定。此时期严禁进行按摩、热疗等相关处理。

（二）中期

中期处理指急性期过后。该期血凝块正在被吸收，肿胀开始消退，坏死组织逐渐被清除，组织正在修复中。临床表现为

急性炎症减轻，但局部仍有淤血和肿胀。处理原则：改善局部血液淋巴循环，促进组织新陈代谢，加速坏死组织和渗出液的吸收和清除，防止粘连形成。处理方法：理疗、按摩、针灸、外贴或外敷活血化瘀的中草药等。热疗和按摩在此期的治疗中十分重要。

（三）晚期

晚期损伤组织已基本修复，但可有瘢痕和粘连形成。临床表现为局部症状基本消失，但功能尚未完全恢复。个别人可能出现伤处僵硬、运动功能受限等情况。处理原则：恢复和增强受伤部位的运动功能，软化、分离瘢痕和粘连，促进功能恢复。处理方法：以按摩、理疗和功能锻炼为主，支持带固定及配合中草药熏洗。

五、心肺复苏技术（CPR）

心肺复苏是针对呼吸、心跳骤然停止者所采用的急救措施，即用人工呼吸代替伤者的自主呼吸，同时用胸外心脏按压形成的人工循环诱导自主心跳，以恢复血液循环。

（一）人工呼吸

1. 操作方法

首先判断伤员是否有呼吸，然后使伤员仰卧，松开衣领、衣扣，头尽量后伸（可在颈下垫一物），打开口腔盖上纱布；操作者一手托起伤员下颌，掌根轻压环状软骨，另一手拇指和食指捏住其鼻孔，深吸一口气后吹入伤员口中，然后立即松开

第四章 自行车运动伤害的预防与处理

捏鼻孔的手。如此反复进行，吹气频率为 16~18 次/分。

2. 注意事项

保持呼吸道通畅，口腔内若有杂物须迅速清除干净，舌后坠要拉出；要连续进行，不能中断，一直做到自主呼吸恢复或确定死亡为止；压力和吹气量要适中，开始可稍大，以后逐渐减小，避免过度吹气，视胸廓起伏即可；吹气应与胸外心脏按压同时进行，两者频率之比约为 1∶4。

（二）胸外心脏按压

伤者昏迷，若其血压、脉搏和心音消失，或颈、股动脉摸不到搏动，即可诊断其为心跳骤停。心跳骤停的同时可能伴有瞳孔散大、呼吸停止等表现，此时应立刻实施胸外心脏按压。

1. 操作方法

将伤者仰卧在地板或地上，操作者一手掌根置于其胸骨的中、下段 1/3 交界处，另一手交叉重叠于手背上，肘关节伸直，以自身体重和肩臂肌的力量有节奏地反复进行按压、放松动作。

2. 注意事项

压迫部位为胸骨中、下段 1/3 交界处，方向垂直对准脊柱；用力不要过猛，以免造成肋骨骨折；操作不能中断，按压频率不少于 100 次/分，若见口唇、甲床渐红，触到颈、股动脉搏动，瞳孔缩小，说明挤压有效，应继续坚持按压到自主心跳恢复；如果呼吸心跳同时停止，应先行心脏按压，同时清理和保持呼吸道通畅；就地抢救的同时，应拨打"120"求救或派人迅速地去请医生；最好由两人配合进行，一人做人工呼吸，一人做胸外心脏按压，每按压 5 次，吹气 1 次。

第五章

自行车运动问与答

第五章

自行车运动问与答

1. 健身车与动感单车的区别主要有哪些？

答：（1）概念不同。健身车在运动科学领域称为"功率自行车"，有直立式、背靠式（也称为卧式）两种款型，它是通过调整运动时的强度（功率）来达到健身的效果。动感单车英文名为Spinning，这是模仿"环法自行车公路赛"的路况在室内进行的单车健身方法。

（2）飞轮位置的不同。大多数的动感单车为前置飞轮，而健身车有前置也有后置。

（3）阻力调节方式不同。动感单车通过刹车片来控制阻力，健身车通过磁控轮来控制阻力。

（4）骑行方式不同。动感单车的骑行方式一般为站立骑行和坐立骑行，而健身车一般为卧姿骑行和坐姿骑行。

2. "二八杠"自行车有哪些骑行方式？

答："二八杠"自行车是指车轮直径为28英寸的钢制自行车，"二八"指的是车轮直径28英寸，"杠"指的是车前部的横梁。由于"二八杠"自行车过于高大，导致个子矮小的人或初学者无法坐于车座，曾出现"别大杠"（也叫"掏腿儿"）、"杠骑"等骑行方式。

"别大杠"是将身体置于自行车一侧，一脚踏于踏板上（或推行上踏），另一只脚从杠下穿过并置于另一踏板上，以"满圈"或"半圈"的蹬踏方式进行骑行，这种骑法看似危险，但在熟练掌握自行车平衡能力后是比较安全的。

"杠骑"是臀部坐于杠上方的骑行方式。这种骑法适合个子矮小、触不到踏板的骑行者。钢制的"二八杠"自行车具有载物能力强、质量和尺寸较大等特点，可以充分利用杠来载人、载物。

3. 女式自行车有哪些特点？

答：由于女性身材普遍娇小，故女式自行车在设计上与男式自行车具有一定的区别。

（1）车架：同一尺寸的车架，女式自行车的车架焊接更加平滑、美观，颜色鲜艳；车架的横梁较短、高度较低。

（2）座垫：女性比男性的盆骨较宽，因此女式自行车座垫偏宽。

（3）车把：女性比男性的肩距较窄，因此女式自行车车把偏窄；女式自行车把套舒适性更高，车把普遍比鞍座高。

（4）曲柄：女式自行车曲柄长度较短，方便女性腿部发力。

女性在选车时不一定要选择女式自行车，可根据自身喜好、身材特点、车辆功能等进行选择。

4. Jyrobike 车为什么永远不倒？

答：2012 年，英国的澳大利亚籍企业家 Rob Bodill 和他的团队研发并制造了一款适合初学者练习的智能平衡自行车——Jyrobike。该车配备 12～15 英寸的飞轮装置，飞轮内置电池，可以持续运行 3 个小时，同时飞轮内置陀螺仪，能够在控制枢纽的操控下，利用陀螺效应来帮助自行车自动校正车身，使车身始终保持平衡。此外，该车可在 150 米以内通过遥控器改变平衡设置，目的在于减少初学者在学骑自行车过程中的焦虑和恐惧心理。另外，初学者掌握平衡后，可将起稳定作用的飞轮去掉，换上普通车轮，使 Jyrobike 被改装成为一辆普通自行车。

5. 无链条自行车的原理是什么？

答：2012年10月，韩国万都公司最新设计的"无链条自行车"被称为世界上首款没有链条的混合动力自行车，这种新型自行车将骑行者的动能通过连接至曲柄的发电机直接转变为电能，这些能量可以存储在自行车框架中的锂电池中，之后通过电动机驱动后轮前进，摆脱了链条的限制。

6. 如何选择一款优质的自行车前置照明灯？

答：（1）看光源。首先泛光性能要好，有效照明距离在20～30米以上，要有明显的截止线；其次光斑要大，散布锥角要大于15°；最后远光照射距离应不低于50米，以达到有效的安全照明。

（2）看光杯。光杯必须是橘皮杯，能够有效发散光线，扩大照明范围。

（3）看散热。一款散热性能好的车灯有助于延长照明时间。

（4）看防水。必须要具备一定的防水能力，以应对突发的恶劣天气和环境。

（5）看模式。必须要有多种基本模式，比如常亮、快闪、求救等，以便在不同环境或情况下使用。

（6）看电池。不论是充电还是安装电池款式的车灯，都要具备续航能力强的电池，最少达到3～4个小时。建议选择以充电式LED光源或者大功率卤素光源为主的照明器具，通常其最大持续照明时间在4～8小时之间。

（7）看灯架。骑车过程中的路况较为复杂，有可能遇到道路不平、颠簸的情况，应配备一款抗震性能高的灯架。

7. 自行车手机导航支架有哪些？

答：（1）夹合式手机支架。这种支架采用的材质有硬质塑胶和合金两大种类，生产成本低，价格实惠，广受厂商与消费者青睐；但该支架的活动部件较多，整体的牢固程度相对较弱。

（2）硅胶自行车手机支架。这种支架均采用软性硅胶材质，弹性十足，一般采用捆绑式的固定方式。该支架优点是装置灵活，抓握力强，使用方便；缺点是会影响手机散热性能，从而影响手机的使用。

（3）手机壳式手机支架。这种支架分为两部分：一部分固定在自行车车把上的支座部分，有夹环式和头管盖两种固定方式，整合程度高；另一部分是直接与手机整合在一起的固定架，也就是手机壳。该支架优点是拆装方便、稳定性高；缺点是价格昂贵。

（4）手机充电支架。这种支架采用 ABS + 硅胶材料，防雨防滑，自带充电电源，可 360°旋转，相对其他几款支架价格更贵。

8. 如何安装自行车水壶架？

答：自行车水壶架的安装方式一般分为下管式、立管式和座杆式等。座杆式安装方式有助于减少骑行时的风阻，下管式和立管式安装方式便于骑行者骑行中补充水分。

具体安装方式为：

（1）首先应该选购相同规格的水壶架。

（2）找到自行车安装水壶架的下管、立管或座杆位置（配有两个内六角螺丝的位置），并用工具把这两颗螺丝拧开。

（3）拆开水壶架包装，查看安装示意图，并把水壶架放在安装的位置上。

（4）一手按住水壶架，一手拿起螺丝，然后放入孔中，用手旋转螺丝，使螺丝慢慢锁入。两颗螺丝都要先用手锁入，将水壶架固定，再使用同型号的内六角扳手，将两颗螺丝牢牢锁紧，最后检查其牢固性。

（5）选择大小合适的水壶，然后将水壶放入水壶架，检查水壶是否牢固。

9. 油压式碟刹和线拉式碟刹有何区别？

答：油压式碟刹，以油液为介质，通过手捏刹把对里面的油液进行压缩，压力从油管直通卡钳，从而推动卡钳内的活塞带动刹车片夹持碟盘。线拉式碟刹，以刹车线为介质，通过刹车线的拉力使卡钳内的刹车片磨擦并夹持碟盘，产生刹车效果。

两者区别如下：

（1）传递方式不同：线拉式碟刹是通过拉紧线管内的钢丝线，带动刹车夹收紧，从而达到刹车的效果；而油压式碟刹是通过压动高密度的矿物油，使线管内的油压增大，通过油压推动刹车夹器夹持碟盘。

（2）重量不同：从材质上讲，同样长度粗细的管线内布满钢丝线要比布满油重，所以油压式刹车在重量上比线拉式碟刹有优势。

（3）安全性不同：油压式碟刹比线拉式碟刹更安全。下坡骑行时，线拉式碟刹的钢丝线由于老化腐蚀或者用力过大等原因容易断裂，从而失去制动，造成生命危险；而油压式碟刹

不会产生这种问题。

（4）价格不同：油压式碟刹比线拉式碟刹更贵。

10. 变速自行车后变速器的大导轮和小导轮有什么区别？

答：变速自行车后变速器上有两个导轮，其大小和齿数相同。其中靠近飞轮的叫作导向轮，导向轮轴有可以滑动的轴向间隙，在变速时起到为链条导向的作用；靠近地面的叫作张力轮，张力轮轴向没有滑动的轴向间隙，主要起张紧链条的作用。

11. 魔术头巾有哪些功能？

答：魔术头巾又称无缝头巾，是近些年流行的、时尚又实用的户外头饰装备。魔术头巾采用高性能100%聚酯微纤维制作而成，具有防尘、透气、吸汗、速干等功能。

魔术头巾遇水即可马上渗透，可以有效吸汗，以达到干爽舒适的效果。魔术头巾清洗方便、不褪色，可机洗、免熨烫，长时间使用后，头巾仍然可以恢复到原来的模样。

魔术头巾采用无接缝工艺制成，具有很强的弹性和耐用性，在使用过程中，可随心所欲地戴在头部或是折叠好花样使用，至少有十种以上的不同扎法，能够变换出不同的效果，可用作头巾、围巾、头带、风沙罩、无檐圆帽、帽兜、护腕等。例如，长头发的女士可使用魔术头巾把头发扎起来；在骑行中遇到大风天气时，可将魔术头巾从头到脸全包起来只露眼睛，既透气又挡风沙；骑行时，可将魔术头巾围在头部，衬在头盔里面，吸汗防磨。

12. 自行车外胎花纹有什么特点？

答：自行车外胎花纹一般分为凸纹、平纹和光头胎三种。

（1）凸纹外胎具有通过性好、道路适用性强、摩擦力大等优势；但存在重量较大、速度慢等劣势。一般适用于城市普通自行车。加强过的凸纹，适用于山地自行车，其目的是追求更大的摩擦力，对于较复杂的路面具有良好的通过性。

（2）平纹外胎具有排水性好、摩擦力较大、质量轻、速度适中等特点。一般适用于通勤车、折叠车、死飞自行车等。

（3）光头胎具有重量轻、速度快、压强大的优势；但存在通过性和适用性较差、摩擦力小等劣势。主要适用于专门赛道或者城市路面。

13. 山地车中不同类别的外胎钉颗粒群各有什么作用？

答：山地车的外胎钉颗粒群一般分为冠齿、中间齿、肩齿3个类别。冠齿直接关乎轮胎制动、驱动时的性能发挥；肩齿在拐弯或者侧向移动时发挥作用；中间齿则起到连贯其余两种齿的作用，根据轮胎的侧倾斜度来共同发挥作用。一般情况下胎纹横向布局的外胎制动性能较强，适合后轮制动；胎纹纵向布局的外胎循轨导迹性能好，适合做探路的前轮使用。

14. 骑行雨衣有哪些特点？

答：（1）骑行雨衣的面料采用100%聚酰胺纤维、TPU材质，具有防风、防雨、透气的功效。

（2）骑行雨衣的后背一般设置有反光条，雨天骑行时可以刺激视觉，起到警示作用，增加安全系数。

（3）骑行雨衣折叠后体积小，可装入收纳袋放入骑行背包，也可用水壶式工具盒进行收纳，放到车架的水壶架上，节省收容空间，减轻附带重量。

15. 自行车运动中使用锁鞋有哪些优点？

答：（1）可以提高蹬踏效率。使用锁鞋可减少蹬踏力量在足弓上的消耗，使传到踏板上的蹬踏力量达到最大化；同时，锁鞋是硬底的，便于力的传导，穿上锁鞋可以踩、踏、拉、提全方位做功，减少做功损失，提高蹬踏效率。

（2）提高骑行技术。由于锁鞋的固定作用，可以纠正错误的骑行姿势，有助于提高骑行技术。

（3）节省蹬踏力量，缓解疲劳。使用锁鞋可使一只脚踩下去的同时另一只脚往上提拉，节省蹬踏力量，特别是长时间骑行时，两脚交替蹬踏、提拉，不易产生疲劳且高速度持续的时间更长，能够达到节省体力的作用。

（4）有效预防踏空。在高速通过颠簸路面的时候，使用锁鞋可避免脚被颠离踏板。

16. 常见的自行车车锁有哪些？

答：（1）碟刹锁。碟刹锁由合金钢构成，体积较小，内压式锁芯。上锁时，无需钥匙，只需将锁柱穿入碟刹空隙中，轻轻按动便可上锁。

（2）U 型锁。优点是安全系数较高，由合金构成，锁桥抗压能力强。缺点是长度有限，一般用 U 型锁穿于前叉与辐条或后轮车架与辐条将车上锁。有的 U 型锁增加指纹解锁功能，采用高性能处理器，保证稳定性，识别速度快。

（3）链条锁。锁身连接着一条粗约 6 毫米、长约 980 毫米的铁链，整条铁链由塑料胶管或布等包套住，与另一端锁柱头相连，有的链条锁设有密码锁。

（4）钢缆锁。钢缆锁与链条锁相似，主要由长约 1.2 米的钢缆相连，缆绳可自然卷缩，使用时可拉长，也可卷成双股来锁车，有的钢缆锁设有密码锁。

17. 为什么专业自行车不装脚撑和挡泥板？

答：（1）脚撑和挡泥板不是专业自行车的必须装备。在小轮车比赛中所有参赛车辆均不得使用链盒、侧支架（车踢）、挡泥板、片状金属附件（水壶、碟形螺母）、多余的焊接或机械加速装置、反光镜或其他尖利的突出物等，否则在赛前车检中不会通过。

（2）脚撑在骑行过程中存在一定的安全隐患。经过复杂路况时，脚撑会因为颠簸路况导致上下震动，损伤自行车的漆面或部分零件，也容易接触地面并架空自行车的后轮，引起骑行事故。不小心追尾时，前车脚撑易插入后车前轮造成严重车祸。山地骑行时，脚撑可能会勾到树根藤蔓，容易摔车伤人。

（3）在行驶中，挡泥板会增大车辆风阻，导致消耗过多的体力。当骑行者不幸摔车时，挡泥板作为车辆上的尖锐突出物，很容易对身体造成伤害。

（4）脚撑和挡泥板会增加车辆重量，而专业自行车追求轻量化，要尽可能控制车身重量。

18. 脱把骑行怎么练？

答：要先练习单手骑行，待熟练后再练习脱把骑行。

（1）单手骑行。骑行时，身体坐直，单手轻扶着车把骑行，主要用身体控制平衡，如此反复练习，直至单手扶把可转弯即可进入脱把骑行练习。

（2）脱把骑行。在单手骑行稳定时，慢慢地尝试手瞬间放开车把，依靠身体维持平衡，动作幅度不宜太大，多次尝试并逐渐拉长脱把时间，慢慢适应。

19. 为什么自行车在运动中容易保持平衡，而在减速停下时保持平衡却很困难？

答：（1）陀螺效应。陀螺效应使车轮在高速旋转时有保持原来方向不变的力，使自行车保持运动方向不易倒下，这也是高速骑车比低速骑车要稳定的原因之一。

（2）自行车平衡机制。自行车平衡机制来自前叉后倾。自行车的车把轴不是与地面完全垂直，而是后倾的，由于前轮是固定在车把的前叉上，故称为前叉后倾。前叉后倾，使车辆转弯时产生的离心力的力矩方向，与车轮偏转方向相反，迫使车轮偏转后自动恢复到原来的中间位置上。这样，车子就有了自动回正的稳定性。车速越快，所造成的恢复力矩越大，骑车人就越感到稳定。这就是高速骑车时，会感觉车子比刚刚起步的时候稳定的原因。

（3）微变速运动。人车系统是一种加速度很小的"微变速运动"，人车系统不是处在平衡状态，而是处在加速度很小且不断变化的大致上的"平衡"状态。人车控制系统与车的波幅和波频都有关。随着自行车速度的逐渐加快快，车的波幅会越来越小，逐渐偏向稳定。

（4）重心控制。骑行时，人与车的重心并不可能一直保持在同一个方位，重心是不断变化的。当运动中有一些小震动时，车手会不断地摆动车头使自行车立起来，如当身子向右倾时，车手会将车头立刻摆向右，使重心又保持垂直，实现新的平衡。

20. 公路自行车比赛中,"摆脱与突围"战术是如何进行的?

答:摆脱是自行车团体比赛项目中经常采用的重要战术,是快速杀出重围的有效方法。

(1)高速骑行。这是竞赛初期最好的摆脱方法。体力好、速度快的运动员利用自己的优势,从比赛开始阶段就高速度骑行,摆脱大部队。

(2)突然加速。跟随大部队一起骑行时,为了突围成功,可以突然加快速度冲到队伍前面,以试探大部队是否追赶。一般情况下单独突围出去的运动员不容易甩掉大部队,由多人配合起来高速骑行,才有可能逐渐与大部队拉开距离,从而摆脱成功。

(3)利用复杂地形和娴熟的技术。利用上坡、下坡、转弯等机会猛冲摆脱。摆脱后要及时观察、了解后面运动员的动向。若没有追赶,可以保持速度继续拉大距离;若受到有组织地追赶,摆脱的距离有减无增时,突围者应降低速度,等待追赶者,保存体力,伺机重来。

21. 13~18岁少年自行车运动员选材的基本指标有哪些?

答:13~18岁年龄组选材的基本指标有身体形态指标、身体机能指标、身体素质指标。

(1)身体形态指标。身体匀称、健康、足部力量较好。预测身高:男子不低于175厘米,女子不低于165厘米;指距≥身高。骨龄与年龄的差值不超过1岁。

(2)身体机能指标。重视心肺功能指标,具有良好的有氧和无氧代谢能力。肺活量:男子不低于3 000毫升,女子不

低于 2 500 毫升。最大摄氧量：男子 60~65 毫升/（千克/分），女子 50~55 毫升/（千克/分）。晨脉搏：54~60 次/分。

（3）身体素质指标。具有良好速度能力、柔韧性、协调性，重视自行车平衡能力和精确的空间感受能力。

① 一般身体素质。立定跳远：男子 2.30~2.45 米，女子 1.95~2.10 米；30 秒俯卧撑：男子 25 次，女子 15 次。1 500 米跑：男子 5 分 50 秒，女子 6 分 20 秒等。

② 专项素质及能力。练习台 12 秒骑行，考察骑行基本车技及车感、蹬踏圆滑度等，要求技术动作轻松自然、协调性好，整体技术动作时效性好。

③ 心理素质。要求对自行车有兴趣、思想稳定、意志力坚强、能吃苦、有不服输精神等。

22. 怎样利用功率自行车进行无氧耐力训练？

答：选择强度 FTP（Functional Threshold Power，功能性阈值功率）在 120%~150% 之间，在此区间内进行自行车训练会产生大量乳酸，通常最多只能维持 150″~180″ 的骑行。提高无氧耐力水平主要通过提高乳酸耐受能力和提升摄氧量的效果进行训练；训练持续时间为 30~90 秒，训练与休息比约为 3∶2，视个人能力重复 8~16 次，经过 3~4 周训练可提高乳酸耐受能力；每次骑行 30~60 秒，休息时间 30~45 秒，重复 8~10 次，或是以 4 次为一组，组间休息 180 秒，重复 3~5 组，总次数达到 12~20 次，可达到提升摄氧量的效果。

23. 速降赛为何让人看的惊心胆颤？

答：速降赛外文名为 Down Hill，简称"DH"。DH 是一种危险、刺激的极限运动，骑行时从斜坡飞驰而下，极具挑战性。速降赛是以较少蹬踏次数、快慢技术相组合、技巧性为主的比赛。比赛路线必须有3%的铺设路面（如沥青、水泥等），且全都是下坡骑行路段，由单人道、跳跃、慢地段、田野、森林道和砾石道等混合路段组成。

24. 为什么将自行车障碍赛称为"Bink Trial"？

答：20世纪初，摩托车开始大量生产，为测试车辆机械性和操控性，经常需要把摩托车开去一些特殊路段行驶，如陡坡、土路、台阶、沙路、独木桥等。这种试车，英文称为"Trial"，即"尝试"的意思。后来，各摩托车厂商为了凸显其车辆性能，便推出了"Trial"比赛，也就是摩托车障碍赛。到了20世纪70年代，一些摩托车障碍赛车手希望他们的孩子在跨上摩托车前得到一些锻炼，于是就将自行车作为孩子练习的工具，因此，自行车障碍赛被称为"Bink Trial"。

25. 在铁人三项的自行车比赛中有哪些特殊规定？

答：（1）在铁人三项自行车赛段中，整个赛程必须骑自行车完成。若车胎出了问题，运动员可以推、扛车跑到换胎站换胎。

（2）在换项区域内设有黄色的上车线和下车线，运动员必须遵守。若有违反，裁判在比赛中进行前摄性的警告以阻止犯规的发生。

（3）在换项区域内不得骑车，不能阻止、影响其他的运动员，或者侵犯他人的竞赛设备。

（4）运动员必须使用指定的专用自行车架，完成自行车赛段后再将自行车放回原架。

（5）从运动员将自行车从架上取下时起，直到完成自行

车赛段，并将自行车放回原架时止，运动员必须戴好头盔以保证安全。

（6）若在自行车赛段中犯规，裁判可能出示黄牌警告，这时运动员必须停止比赛，等待裁判警告后才能继续。如果严重犯规或者多次犯规，运动员就会被红牌罚出赛场。积累两张黄牌就会得到一张红牌，红牌自动罚下。

26. 自行车长途骑行时，需要携带哪些必备装备？

答：（1）骑行着装：骑行头盔、骑行手套、骑行眼镜、魔术头巾、备用速干抓绒的衣裤、雨披、双肩背包等。

（2）自行车装备：自行车尾灯、前灯、车铃、钢制货架、结实防水的驼包、金属的水杯架、防水码表、手机支架等。

（3）工具箱：备用内胎、刹车皮、打气筒、截链器、链条油、补胎扳手组合等工具。

（4）生活用品：钱包（含身份证、储蓄卡、适当的现金等）、洗漱用品（含水杯、毛巾、牙刷牙膏等）、医药物品（含红药水、感冒药、创可贴、云南白药等）、照明手电筒及通讯工具等。

27. 怎样调试自行车的辐条？

答：自行车最常见的辐条编网是一搭三编网，即每一根辐条与另外三根辐条各交叉一次。在调整辐条之前，必须先给轮胎放气，否则旋转辐条帽极易戳破内胎。然后用辐条扳手旋转辐条帽，辐条与辐条帽之间有螺纹，可以调整辐条松紧。具体调试方法为：转动车轮，观察车圈是否保持在同一个平面上，若车圈离参照物间隙大，则收紧此处辐条；反之松辐条。若车圈某处偏向左侧，则收紧右侧辐条，松左侧辐条；反之紧左侧，松右侧。最后整个车圈各处离参照物的间隙完全均匀，且每根辐条松紧程度均匀，则校车圈完成。

28. 如何拆装魔术扣？

答：（1）无拆链工具时。拆魔术扣可用指甲将链片两边压紧，然后用指甲盖顶推中间的销钉，将魔术扣的销钉推到较大孔的位置即可将魔术扣拆下。装魔术扣时，将两颗对称的快扣分别套入链条的两端，用指甲用力下压，然后往左右两端施加拉力即可装上魔术扣。

（2）有拆链工具时。拆魔术扣可将快扣钳放入链条孔内，并检查是否到位，轻压链条扣中间的部分，钳嘴向内轻轻施加压力，即可轻松拆卸。装魔术扣时，将魔术扣快扣放入链条相应位置，用快扣钳卡住链条两侧的销钉，轻压快扣两端，钳嘴向外扩张，即可轻松固定魔术扣。

29. 如何延长自行车车轮的寿命？

答：马路的路面通常是中间高两边低，因此，自行车常靠右侧行驶，外胎的左侧磨损度高于右侧。同时，由于重心靠后，后轮一般比前轮磨损更快。

（1）新轮胎使用一段时间后，调换前后外胎位置，并调换外胎的左右方向，从而延长车胎使用寿命。

（2）要经常检查轮胎气压，保持适量充气，寒冷天气车胎气压高于炎热天气车胎气压，后轮胎压高于前轮胎压，这样便可延长外胎使用寿命。

30. 如何修补自行车内胎？

答：（1）检查外胎。在骑行中发现车胎气不足，选择安全的地方停车，检查外胎是否有尖刺物刺入车胎（钉子、钢丝等），若发现尖刺物，将尖刺物拔出。

（2）寻找内胎漏气点。把内胎气门嘴松开放气，撬开外胎使之脱离轮毂，先拉出气门嘴，再拉出全部内胎。将内胎打足气，贴近面部转动检查或是利用沙土覆盖的方法找到漏气点。

（3）补胎。若有免胶水补胎片，直接将其贴到漏气点并压实即可完成补胎；若没有免胶水补胎片，则用"挫把"将漏气点及边缘打磨粗糙，同时打磨普通补胎片，接着在打磨处涂上胶水，稍等片刻后，将普通补胎片贴上压实即可完成补胎。

（4）装胎。补胎后向内胎充气，再检查是否还有漏气点。若还有漏气点，则重复以上步骤完成补胎工作；若没有，则排空内胎气。排空内胎气后，先装一侧外胎，再将内胎气门嘴装进车圈，接着将整条内胎装进外胎，最后把另一侧外胎装到轮毂上，进行打气，完成补胎工作。

31. 骑自行车长途旅行需要准备的擦伤药品有哪些？

答：骑自行车长途旅行需要准备的擦伤药品有碘酒、红药水、创可贴。

（1）碘酒是常用药品，能渗入皮肤杀死细菌，适用于在骑行过程中刮擦引发的小伤口，注意用药部分有瘙痒、红肿等情况时应停止用药，并将局部药物清理干净，咨询医师。

（2）红药水具有杀菌、收敛、消炎的功能，使用时注意不能与碘酒同用，避免产生有毒的碘化汞；也不可以大面积使用红药水，以免对人体造成伤害。

（3）创可贴具有止血、护创作用，但动物咬伤、烧伤、烫伤、利器扎伤，不可使用创可贴。

32. 骑行中出现"极点"需要怎么克服？

答：在进行长时间剧烈骑行时，内脏器官的活动满足不了运动器官的需要，会出现一系列暂时性的生理机能低下综合征，主要表现为呼吸困难、胸闷、肌肉酸软无力、动作迟缓不协调、心率剧增及精神低落等，这种机能状态称为"极点"。

极点出现后，可以通过降低蹬踏频率、加大呼吸深度的方式，使植物性神经系统与躯体神经系统机能水平达到新的动态平衡，从而使生理机能低下综合征症状明显减轻或消失，动作变得轻松有力，呼吸均匀自如，心率趋于平稳，逐渐进入"第二次呼吸"。

33. 自行车日常保养应注意哪些？

答：自行车骑一段时间后，要对各部件进行检查与调整。

（1）滑动部位（轴承、飞轮等）定期注入适量专用润滑油，以保持转动流畅。

（2）车辆被雨水淋湿或受潮后，电镀零件应及时擦拭干净，再涂上一层中性油，以防生锈。

（3）涂罩光漆的零件不可抹油揩擦，以免损伤漆膜，使其失去光泽。

（4）自行车内外胎及刹车橡皮都是橡胶制品，应避免接触机油、煤油等油类制品，以防橡胶老化。新车胎要打足气，平时车胎打气要适当，气压不足，外胎易折裂；气压太高，易伤车胎和零件。

（5）自行车载重要适量。普通自行车载重量一般不得超过 120 千克，载重自行车载重量一般不得超过 170 千克。由于前轮按设计只承受全车 40% 的重量，因此，不要在前叉上悬挂

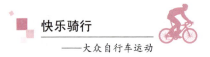

重物。

（6）骑车速度要适当，启动不要过猛，遇到不平的路面要慢行。

（7）自行车不用时，应放在干燥通风处，以免锈蚀。

34. 雨雪天骑车应注意哪些事项？

答：（1）车胎气不可太足，以增加车轮与地面的接触面积，防止打滑。

（2）尽量放低车座，降低重心，增加自行车稳定性。

（3）应与前车保持 3 米以上安全距离，防止追尾事故发生。

（4）不要急刹车，这样会使车轮打滑，使自行车失去平衡。

（5）尽量避免急转弯，在道路许可范围内转弯半径越大越安全，尽量使自己的重心通过车轴线与地面保持垂直。

35. 在骑行过程中，如何补充能量棒与水分？

答：在长途骑行过程中，补充能量尤为重要。能量棒即补充能量的棒状食品，也叫能量运动营养食品，含有蛋白质、维生素、矿物质等营养素。

骑行前，要根据运动量，选择相应数量的能量棒。骑行前 1 小时食用能量棒 1 条，骑行过程中或骑行结束 30~60 分钟内再食用 1 条，可提升肝糖储存，减缓运动肌肉的酸痛。另外，可准备一些小食品补充能量，如香蕉、巧克力、花生牛轧糖等。

在骑行过程中大量出汗时，要适量地补充蜂蜜水与葡萄糖水。一般情况下，建议停车补水，但技术娴熟的骑行者可以边骑行边喝水，喝水时要侧举水壶，避免遮挡骑行视线。

36. 中华人民共和国成立后，由我国自主研制的第一辆国产自行车是怎么诞生的？

答：1949年1月天津解放后，天津市军事管制委员会工业接管处接管了原"昌和工厂"，将其暂定名为"军管天津机器——第二分厂"，并恢复生产。1949年10月1日中华人民共和国成立后，该厂被正式命名为"天津自行车厂"。由于该厂之前生产的车辆十分笨重，因此国家调拨经费，组织专家不断钻研、分析各国名车，取长补短，反复试制，通过减小压力角来减少阻力，终于在1950年7月成功研发出10辆"中字"牌样车，并将其命名为"飞鸽"牌自行车。从此，我国第一个零部件全部国产化的名牌自行车诞生了。1951年1月，"飞鸽"牌自行车被成批地投放市场进行销售。

37. 怎样使用城市共享单车？

答：城市共享单车是指自行车企业在城市中的校园、地铁站点、公交站点、居民区、商业区、公共服务区等区域提供自行车共享服务的交通、健身工具。城市共享单车使用方法如下：

（1）准备工作。首先用手机下载所在城市共享单车品牌所对应的客户端APP，然后打开客户端APP，注册并完善相关资料。一般共享单车需缴纳押金（例如摩拜、永安行、由你、小蓝）；有的共享单车则需要充值预付款（租金）；有的共享单车是到达目的地后，按照骑行时间计费。

（2）取车。扫描车身二维码远程解锁或者输入密码手动解锁，开锁后便可骑行。

（3）还车。有的共享单车需要还到专用"智能"停车桩

上，锁车即完成还车。有的共享单车需停放在道路两旁的安全区域，或不妨碍交通安全、方便他人骑行的地方，手动锁车即完成还车。

（4）注意事项。① 未满 12 岁的儿童禁止骑共享单车；② 文明骑行，不乱停放共享单车；③ 禁止在车筐里放置超过 5kg 的重物；④ 不同的共享单车有不同的计费方式。

38. 2019 年北京首条专用自行车道有何特色？

答：2019 年 5 月 31 日，北京市首条自行车专用车道正式开通。该车道东起昌平回龙观，西至海淀上地，全长 6.5 千米，路面净宽 6 米，属于全封闭路段，自行车限速 15 千米/时，行人、电动车、其他车辆禁止入内，设置 8 个出入口，配套服务站提供免费畅饮、冲澡、凉亭等设备设施供骑行者使用。

这条专用道为自行车出行提供"专用、连续、安全、快捷"的慢行交通系统，重点缓解北京回龙观地区通勤 10 千米左右的出行困难问题，同时对改善区域绿色出行环境，提升城市品质，推动北京乃至全国绿色交通体系建设具有示范意义。

39. 厦门空中自行车道有何特点？

答：2017 年 1 月 20 日，厦门首个空中自行车道竣工，同月 26 日开始运行，开放时间为每天 6：30—22：30，起点为 BRT 洪文站，终点为 BRT 县后站，全长约 7.6 千米，峰值流量为单向 2 023 辆/时，限速 25～30 千米/时。

（1）自行车道沿 BRT 两侧布置，单侧单向两车道，净宽 2.5 米，总宽 2.8 米。路面被划分为三个区域，铬绿色为骑行区，金橙色为缓冲区，钛蓝色为休息区。

（2）自行车道共设有 7 个平台，共设公共自行车停车位 355 个、社会自行车停车位 253 个，每个平台均配有车辆调度升降梯。此外，空中自行车道沿线护栏安装了 3 万多盏照明灯，充分保证了夜间照明。

（3）作为专属的自行车道，采用智能化闸机"鉴别"进入车道的车辆，并采用多重传感监测技术、可见光及红外图像采集处理等技术实现对自行车快速通过时的检测识别。车道每隔 50 米便有一处监控摄像头，应急中心调度员可通过监控发现违规者，并通过广播予以警告。此外，摄像头还可智能分析骑行流量，及时启动应急预案。

40. 重庆市巴滨路自行车道有何特点？

答：重庆市巴滨路自行车道起点位于"樱花漫步"亲水平台，从南向北依次经过阳春湿地、茶花广场等景点，最终到达花溪河长江入江口南岸，全长 10 千米。该车道宽 4 米，其中 3 米是自行车道，1 米是慢跑道，路面为红、绿色环氧树脂，富有弹性。

41. 在环法自行车赛中不同颜色荣誉衫的寓意是什么？

答：在环法自行车赛中有黄衫、绿衫、圆点衫、白衫四种不同颜色的荣誉衫。"黄衫"代表胜利者，由环法自行车赛总成绩领先者穿戴；"绿衫"代表冲刺王，由在赛道中的冲刺点和终点获得积分最多的车手穿戴；"圆点衫"代表爬坡王，由在爬坡点中获得积分最多的车手穿戴；"白衫"代表新人王，由年龄 25 岁以下成绩最好的年轻车手穿戴。

42. 自行车驴友探险迷路时，如何辨识方向？

答：（1）首先考虑能否返回之前走过的大路，若不能返

快乐骑行
——大众自行车运动

回,则观察环境。如果能从四周的地理特征推断出身处何方,则走最接近的道路、铁路、河流等。同时边前进边留意路旁景物,估计出自己走了多远。

(2)找不到可靠的地理特征时,可采用以下办法:

① 可利用太阳分辨方向。正午时,北半球太阳在天顶靠南,南半球则在天顶靠北。

② 太阳被云层挡住时,则拿小刀刃或指甲锉缘竖放在塑料信用卡或拇指指甲之类有光泽的平面上,从平面上找出淡淡的阴影。太阳就在与阴影相反的方向。

③ 有指针的腕表并已校准当地时间时,可用下述方法辨别方向:把腕表平放,时针指向太阳,并想象有一条线把时针与12点的夹角一分为二。这条分角线在北半球会指向正南,在南半球则指向正北。

④ 云层厚密见不到太阳时,可观察树干或岩石上的苔藓。苔藓通常长在背光处,在北半球,朝北或东北面苔藓较多,在南半球,则朝南或东南面苔藓较多。不过,利用苔藓推测方向并不准确,因此,如有阳光穿过云层时,就应该利用太阳来确定方向。

⑤ 可在原地逗留时,则竖立一根木棍在平地上测方向。每隔一小时左右,在木棍顶端阴影处做一个记号,把记号连成一线,就会指向东西两方。

43. 驴圈的"三不借、三不问、三不准"具体内容是什么?

答:(1)驴圈"三不借":① 水不借。驴友一般根据路程控制水壶的水量,不让自己的水壶断水,同时不外借水资源是一种自救的安全意识。② 光不借。骑行时需自备手电、头灯、蜡烛、火柴、化学热力带和罐装点热器等。③ 睡袋不借。这是骑行过程中注重卫生的重要举措。

（2）驴圈"三不问"。① 不问年龄和工作。驴友普遍会把年龄和工作当作"隐私"看待，因此在与其他驴友交流过程中会避免询问对方年龄、工作等情况。② 不问收入和住址。收入实际上与个人的能力相关，事关个人脸面，交谈时一旦涉及这些问题，便会让驴友间没有平等与尊严可言；而家庭住址更被看作是个人隐私，不会对外界公开。③ 不问婚姻和健康。这也是尊重别人隐私。

（3）驴圈"三不准"。不准在没有经过驴友同意的情况下，突然到驴友家中打扰他的正常生活；不准找驴友借钱借物；不准随便公开驴友的电话和家庭住址以及个人隐私。

附录

附录1 | 国际自行车运动联盟（UCI）公路自行车比赛规则（节选）

一、总则

（一）参赛

（1）参加公路赛的运动员人数上限是200人。

（2）每个队报名参赛的运动员人数不得少于4人，不得多于10人。组委会应在比赛前指明各队参赛的最多人数，各队的参赛人数均相同。

（3）正式比赛三天前，各队要以书面形式向组委会确认正式队员和3名候补队员的名字。

（二）组织

1. 比赛规程和技术指南

每次比赛，组委会都应准备比赛规程和技术指南，应包含所有组织工作细则，基础细则包括以下几点：

（1）根据比赛的不同类型，比赛的特定规则须包括：

① 必须要提到比赛使用国际自行车联盟规则；

② 该次比赛的级别和可获得的UCI积分；

③ 参赛者的等级；

④ 每队的运动员数目（最多与最少）；

⑤ 赛事总部的开放时间；

⑥ 参赛确认，发放号码布的时间、地点；

⑦ 领队会议的时间和地点；

⑧ 比赛总部和兴奋剂检测室所在的准确地点；

⑨ 比赛中使用的对讲机频率；

⑩ 次要的排名系统，包括所有必要的信息（分值、并列情况等）；

⑪ 各个排名的奖金额；

⑫ 适用的时间奖励；

⑬ 完整的关门时间；

⑭ 符合条款 UCI2.6.028 的冲刺；

⑮ 正式的颁奖仪式的程序；

⑯ 团体计时赛的时间计入个人总排名的方法；

⑰ 摩托车服务（如有）；

⑱ 个人计时赛或多日赛的供给区（如有）及相应的规定；

⑲ 用于决定计时赛或序幕赛出发顺序的准则；决定队车顺序的准则；每个队须自行决定其运动员的出发顺序。

（2）对比赛路线或赛段进行描述。

（3）赛道上的障碍（隧道、水平交叉、危险地段等）。

（4）详细的路线和预计的赛程。

（5）途中冲刺点、爬山赛段和特殊赛段。

（6）最后 3 千米的安排与设置。

（7）确切的起终点。

（8）路线附近的医院。

（9）裁判团的组成。

（10）赛事总监的姓名、地址和联系电话。

2. 赛事总部——秘书处

（1）在比赛或每个赛段期间，组委会都必须提供一个设备齐全的秘书处，并配有一名工作人员。

（2）比赛指挥部应在比赛出发前 2 小时设于起点处，并于比赛结束前至少 2 小时设于终点处。

（3）设在终点的比赛指挥部应该一直保持到比赛的结果传送到 UCI 为止。

（4）比赛指挥部应该至少装备一台电话机，设在终点的比赛指挥部还应该装备一部传真机。

3. 比赛成绩

（1）每场比赛或每段比赛成绩出来，组委会应立即通过传真发到 UCI 和其国家协会，并附上出发运动员的名单。

（2）当组织者发布的成绩出现变化时，组委会所属的国家协会应立即上报 UCI。

4. 安全

（1）组委会应该确保足够的保安措施，并且要与警察部门进行有效的协调。

（2）组委会要保证赛道不会对运动员、随行人员和公众构成危险。

（3）组委会要事先预计可能会给运动员与随行人员带来危险的障碍，通过安置的标志，提示大家注意安全。

（4）在比赛方案和技术指南上要明确标明障碍，对于一日赛，须在领队会议上进行说明。

（5）组委会要安排一辆先导车，在前方提示可能出现的障碍。

（6）至少在离终点线前的 300 米区域和终点线后的 100 米区域内设立护栏。它只能由组委会、运动员、医务人员、领队和持证的新闻人员进入该段区域。

5. 医疗保护

（1）运动员从检录区域至离开终点期间的医疗保护，只能由医生或组委会指定的医生来进行处理。

（2）当运动员在山路段和爬山时，如需进行较大的治疗，医生要停下来对运动员进行治疗。

6. 比赛对讲机系统

（1）组委会要提供比赛对讲系统。要求所有车辆必需装备接收器，以便随时接收比赛无线广播。

（2）对于 3 级及以上的比赛，组织者必须在终点区为每个队提供三个车位，以便于各队在终点接送运动员。

（3）运动员与本队领队间不得使用对讲系统或其他远程对讲方式进行交流。

（三）比赛程序

（1）运动员最大传动比是 7.93 米。

（2）运动员行为规定：

① 运动员不能在公路上随意扔任何东西，可以把东西背在肩上，对其进行妥善地处理。

② 严禁携带和使用玻璃容器。

（3）运动员要戴两块号码布，但计时赛只戴一块。

（4）除了计时赛外，运动员要在车架（显著位置）上挂一个与其身体号码相同的车架号码牌。

（5）当比赛出现事故并可能在全部或者特定赛段中影响比赛正常进行时，总指挥在征得裁判组同意后，通知计时员，可随时决定：改变赛道；暂停或终止赛事或赛段；该赛段的比赛不予考虑；取消部分赛程和可能产生的途中冲刺成绩，在事故附近地点重新出发；保持比赛成绩或重新出发，考虑事故发生前运动员之间的差距。

（6）运动员如退出比赛，要立即摘下其身体号码并交给裁判或收容车。该运动员不得通过终点线。

（7）车辆

① 进入赛道内的所有车辆，都要带有显著标志。

② 除计时赛外，队车的高度不得超过 1.6 米。

③ 所有车辆行驶需遵守比赛国的交通规则。

（8）所有跟随比赛的人，除了持证的记者和贵宾外，都必须持有会员证。

① 队车里须乘坐本队领队，该领队须持有相应证件并对本车负责。商业车队的队车须经过 UCI 注册。

② 跟随者不得在赛道上乱扔物品。

③ 车上的人不能向运动员喷水。

（四）新闻采访规定

1. 证件

（1）比赛组委会须根据条款 UCI2.2.008，向有关的新闻机构发出证件的模板。由所在新闻机构颁发证件的新闻记者须持有国家记者证或者是由国际自行车记者协会、国际体育记者协会承认的证件。

（2）组委会要向每人提供一个附有比赛名称和日期的绿色徽章。

2. 比赛前的信息

在比赛举行前，组委会要向各个新闻单位提供尽可能多的比赛信息，要向确认的记者提供报名参赛的运动员名单。

3. 比赛期间的信息

（1）持证人员须在比赛管理部门指定的位置，由其提供比赛进程方面的信息和指导。

（2）出于安全考虑，比赛管理部门指挥新闻车辆行驶在与运动员平行的路面或在距离比赛运动员前几公里的地方行驶，则须持续向记者提供比赛的进程赛况。

4. 新闻车队

（1）除了组委会认可外，只能在车队中拥有 1 辆小车和 1 辆摩托车跟踪比赛。

（2）这样的车辆前后都要有一个车证，所有的车队都装配无线电接收装置。

（3）由于比赛地形，考虑到安全问题，有必要限制车辆数目时，需得到 UCI 和国际自行车记者联合会的同意。

（五）比赛期间的驾驶

1. 一般评论

汽车驾驶员和摩托车手要对自己的车辆负责，并能迅速遵守比赛指挥者和组委会指令与指挥。在最后 500 米冲刺时，新闻车辆不允许跟随运动员至终点线，在比赛的出发前作出的决定例外。

2. 小车

在运动员前方的新闻车队不能包括广告车或队车。在比赛中，新闻车队要听从比赛指挥车的指示，不能越过标记区，除非事先得到许可；新闻车辆要遵守比赛所在国的高速公路法规，车辆不得并行，除非征得竞赛指挥者的同意。

3. 摩托车：摄影者

在比赛队伍前的摩托车应在先导裁判车的前方。摄影时，记者须轮流地到运动员前面进行拍照，但是拍完后要立即返回，摄影记者要穿有明显辨认的服装。

4. 广播和电视播音记者车

在比赛运动员的前方，摩托车绝不能行驶在裁判车与运动员之间。禁止在比赛中采访运动员，可以在最后10千米以外的赛道上采访领队。

5. 电视摄像车

允许3辆载有摄像机、1辆载有录音设备的摩托车上路。这些摩托车既不能帮助也不能阻碍运动员的骑行。除了摄像时外，摩托车不能靠近运动员，在最后500米，严禁摩托车摄像。

6. 终点线

组委会要在终点线附近设立一个足够大的空间，使持证人员能正常开展工作。这一区域仅限负责比赛组织的人、运动员、医务人员、领队和持证新闻人员的出入，组委会要向当地的警察部门通报这些安排。

7. 新闻工作间

新闻工作间要尽可能接近比赛终点，并最迟在比赛结束前

2小时开放；组委会要向持证的新闻人员提供足够大的、装备良好的工作地点；在新闻人员完成工作前，工作间内的电视不能关闭。

8. 通讯

组委会要向新闻记者们提供他们所需的通讯手段，新闻人员按要求填写"身份确认要求表"。

9. 新闻发布会

获得前三名的运动员要在组委会的陪同下，到新闻工作间举行一个新闻发布会。在世界杯比赛的发奖仪式结束后，需国际裁判陪同到新闻工作间停留最多20分钟，然后由该裁判陪同到兴奋剂检查室进行尿检。

9. 出发名单与比赛成绩

应根据条款 UCI2.2.090 和 2.2.091 中提供的样表尽可能快地把出发名单和完整的成绩册放在新闻工作间。

10. 确认身份要求

要按条款 UCI2.2.088 填写任命申请表。

二、一日赛

（一）方法

一日赛主要以队的形式参赛，组合车队中的成员须统一着装。

（二）赛道

（1）组委会要设定一个固定的标牌，标明0千米，15千米和最后的 25、20、10、5、4、3、2 千米。如果比赛是在一个环形路段上结束，只标明运动员剩下的圈数。组委会还应标明以下距终点线的距离：500 米、300 米、200 米、150 米、100 米和 50 米，最后 1 千米应有红色标志。

（2）在终点线前，组委会要准备一个通道，令所有车辆通过。只有比赛管理者车、裁判车和指定医生车可以从终点线通过。当领先运动员至少领先其他运动员群 1 分钟时，该队领队所在的队车可以通过终点。

（3）如果比赛是在环形路上进行的，这个环路的长度至少要 12 千米。

（三）比赛出发

（1）运动员和领队或队车负责人要提前 15 分钟在比赛签名地点集合。

（2）出发点不能超过距集合点 10 千米。

（四）运动员的权利和义务

所有运动员之间可以进行一些小的帮助。把雨衣、外套等物品传递给领队车时，运动员需退至指挥车后面进行。当比赛在环形路上结束时，完成相同圈数的队员间可相互帮助。

（五）尾随的车辆

（1）在比赛中，每个队只允许有一辆队车进入比赛团队。

（2）行进的车辆应遵守裁判的各种指示，裁判应尽其可能调控队车的行为。

（3）最后10千米，不允许任何车辆超过运动员。

（六）补给

（1）补充食物只能在裁判员车后进行，而不能在运动员大集团中间和后面进行。如果15人以上突出大集团，食物的补充可以在该组运动员后面进行。

（2）在其他比赛和赛段上，组委会可以另外为比赛设立补充食物的区域，补给区域要有明确的标志、足够长的距离。

（3）在爬山和下坡以及在比赛前50千米和最后20千米的时候，不能补给食物。

（七）故障帮助

（1）出现故障时，可从本队的器材车、公共器材车上或收容车上获得帮助。

（2）无论运动员处于什么位置，只能在集团后面和在静止状态下获得帮助。

（3）队车上的备用器材不得在车外进行准备，也不得伸出车身外边，车上的人不得伸出车身外操作。

（4）如果允许摩托车提供帮助，摩托车只能携带备用车轮。

（八）冲刺

运动员冲刺时，严禁偏离自己的预选冲刺路线。

(九) 终点与计时

(1) 必须有终点摄像。

(2) 运动员同一集团到达时，都计算相同的时间。计时员要继续工作，直到收容车到达为止。计时员还要记录关门时间后到达的运动员的成绩，并把记录时间表交给总裁判。

(3) 运动员在赛车场跑道进行冲刺，可以使用跑道的全部宽度。

(4) 任何运动员完成比赛的时间超过获胜者（第一名）总时间的5%，不计名次。

(5) 运动员的时间可以根据他们进入场地入口处来计算，而且，裁判为了避免不同集团的运动员混合，可以在场地的入口处进行中立骑行。

三、个人计时赛

(一) 距离

个人计时赛的距离统计表

性别	组别	世界锦标赛和奥运会比赛距离/千米	其他比赛最长距离/千米
男子	青年	20～30	30
	23岁以下	30～40	40
	精英	40～50	80
	大师	—	30

续表

性别	组别	世界锦标赛和奥运会 比赛距离/千米	其它比赛 最长距离/千米
女子	青年	10～15	15
	精英	20～30	40

（二）赛道

（1）比赛开始后，路段只能由运动员和尾随车辆使用。

（2）在上坡路段，每 1 千米都要标明。

（3）在起点附近，提供一个至少 800 米长的环路，为运动员热身时使用。

（三）出发顺序

（1）由组委会确定运动员的出发顺序。

（2）运动员按照相同的时间间隔出发，后面出发运动员的间隔时间可以增加。

（四）出发

（1）运动员须在出发前 15 分钟到检录处报到并验车。

（2）在一个出发台上，运动员应站立出发，由同一名扶车人扶着运动员的车辆，不得有推的动作。

（3）在起点线使用电动计时条，则运动员被放开时，前轮触地点与电动计时条之间的距离必须为 10 厘米。出发的瞬间应以前轮与起点线上的电动计时条接触时算起。

（五）计时

在赛段的几个地点进行计时，保证运动员和观众能持续得到信息，终点计时至少精确到 1/10 秒。

（六）比赛程序

（1）如果运动员被另外一个运动员追上，被追上的运动员既不能领骑也不能尾随。

（2）一位运动员将追上另一个运动员时，两人左右之间应至少相隔 2 米。1 千米以后，被追上的运动员应退后与另一个运动员至少保持 25 米的距离。

（3）运动员之间不能互相帮助。

（七）随队车辆

（1）尾随车辆必须与运动员保持至少 10 米的距离，不能超过运动员或与运动员并行。当运动员车辆出现故障时，运动员可自行处理故障或由跟随的队车停在路边帮助维修，不能妨碍其他人。

（2）当将被追上的运动员与追上运动员之间相距少于 100 米时，被追运动员的队车应立即退至追上运动员队车的后面行驶。

（3）只有当运动员之间的距离至少在 50 米以上时，追上的车辆才可行驶在两名运动员之间。

（4）跟随的队车可携带必要的更换车轮和赛车。

（八）参赛

商业队个人计时赛，组织者必须向商业队发出邀请和签协议，不能直接邀请运动员。

四、团体计时赛

（一）距离

团体计时赛的最大距离统计表

比赛类型		最大距离/千米
男子	青年	70
	23岁以下	80
	精英	100
	大师	70
女子	青年	30
	精英	50

（二）赛道

（1）比赛开始后，只有参加比赛的运动员和尾随运动员的比赛用车可以使用环路。

（2）每间隔10千米，都要标明比赛所剩下的距离。

（三）出发顺序

多日赛中，团体计时赛的出发顺序参照条款 UCI2.6.023。

（四）出发

（1）只有全队成员都到齐才能出发。

（2）运动员在出发时应肩并肩排在起点线前，由同一拨扶车员扶车，自行出发不能推车。

（五）计时和排名

（1）终点计时至少要精确到 1/10 秒。

（2）比赛规则应该详细说明各队中第几个冲过终点线的运动员的时间为该队的时间。

（六）比赛中的运动队行为

（1）如果一个队被追上，既不能领骑，也不能尾随追上的队。如果运动员掉队，不能加入另一队伍，也不能接受和提供帮助。

（2）一个队即将追上另一个队时，两队之间左右两边需留出至少 2 米的距离；1 千米后，被赶上的队应退后与超越的队相距至少 25 米。

（3）运动员之间禁止相互推拉。

（4）同队的运动员可交换食物、饮料和小件物品。

（七）跟随车辆

（1）跟随的队车至少要距离该队最后一名运动员后面 10 米以上，不能超越运动员，也不能与运动员平行。如果出现故障，只有当运动员和车辆都停止后，才能进行修理。

（2）如果运动员落后，跟随的队车只能在该运动员与本队其他运动员之间的距离在 50 米以上时，才能进入他们之间。落后运动员禁止被车牵引或尾随。

（3）当有两个队之间相距少于 100 米时，被赶上的车队的队车应退至欲超越队的队车后面行驶。

（4）当两队之间的距离至少在 60 米时，超越队的队车方可跟随本队运动员后面；如果两队的距离继续缩小，该队车必须回到原来的位置，跟在落后队的最后一名运动员后面。

（5）队伍必须由单个商业队或单个俱乐部队或国家队或地区队的运动员组成。

五、多日赛

（一）方法

（1）多日赛最少要举行两天，并且有一个总的时间排名。他们可以以一日赛和计时赛方式进行。

（2）除非另有规定，多日赛中每天比赛赛段按照一日赛规定进行；个人计时赛按照计时赛的条款进行。

（3）多日赛只能以队的形式参赛。

（二）参赛

（1）如果一支 TT/1 和 TT/2 队伍希望参加一个顶级环赛则，须于当年的 1 月 31 日前将一份报名单递交给该赛的组织者。

（2）如果一支 TT/1 和 TT/2 队伍希望参加一个超级环赛

或 2.1 级环赛，则须于当年的 1 月 31 日前将一份报名单递交给该赛的组织者。

（3）18 岁年龄的女运动员，只要发给其会员证的国家协会同意，就可参加女子精英比赛。

（三）序幕赛

多日赛包括序幕赛，规定如下：

（1）距离不能超过 8 千米。

（2）它可以是个人计时赛，如果超过 60 名运动员参赛，每两名运动员之间的出发间隔不超过 1 分钟。

（3）运动员序幕赛成绩计入个人总成绩之中。

（4）如果运动员在序幕赛中出现事故，不能完成全程，该运动员还能参加第二天的比赛，其序幕赛的成绩与最后一名运动员的成绩相同。

（5）运动员不能也不能被安排在参加序幕赛的当天再参加第二场比赛。

（6）序幕赛的那一天应算成比赛的天数。

（四）比赛时间

（1）一个多日赛最长的持续时间规定可参照条款 UCI2.6.006。

（2）赛段距离。

多日赛的最大距离统计表

	比赛日程表	平均每天最大距离/千米	每赛段最大距离/千米	个人计时赛最大距离/千米	团体计时赛最大距离/千米
男子	青年 2.8 级	100	120	30 半段 15	50 半段 25
	23 岁以下 2.7 级	150	180	40 半段 25	60 半段 40
	精英级	180	260	80	80
	大师级 2.11 级	120	160	30	50
女子	精英级 2.9 级	100	130	40	30
	青年 2.10 级	60	80	15	20

备注：在计算日平均比赛距离时，不包括序幕赛的距离。

（3）在执委会的特批下，四级以上的比赛由职业自行车协会批准，组委会有权做出：

① 在时间为 10 天或更长的精英男子多日赛中，距离超过 260 千米的赛段最多只能有两段。

② 23 岁以下的运动员和大师级运动员的比赛，只能有一段超过限定数但不能超过 230 千米。

③ 精英女子比赛，只能有一段超过限定数但不能超过 150 千米。

④ 青年男子运动员的比赛，只能有一段超过限定数但不能超过 130 千米。

（五）一天内两场比赛（半段赛）

不计序幕赛，半段赛比赛次数规定：6 天以下的比赛，2

个半段赛；6天以上的比赛，4个半段赛。

（六）顶级环赛

顶级环赛最长距离不得超过3 500千米。只有两个分赛段的距离可以超过225千米，其他赛段距离不能超过此数。

（七）休息日

精英男子赛11天以上的比赛（不包括序幕赛的天数），必须安排至少一个休息日。顶级环赛必须有两个休息日。

（八）排定名次

（1）可设立各种排名，但其标准应符合自行车项目特点。

（2）计时员记录的时间，要考虑相应的奖励和处罚后，计入运动员个人总时间。奖励时间只适用于个人总排名。

（3）若两个或者多个运动员的个人总时间相同，将把运动员的个人计时赛（包括序幕赛）精确到1/100秒的时间加到总成绩中来决定运动员的名次；若这时运动员的成绩还是相同，或比赛中没有个人计时赛，就将运动员在分段所得名次进行累加以决定胜者；若还相同，就以最后一段比赛名次在前者为胜。

（4）当日团体排名的产生方式是每队成绩最好的三名选手的累计时间。如出现并列，则将各队名次最好的三名选手的名次进行累加进行判定。若仍然并列，则以各队当日名次最好的运动员的名次为判定依据。

（5）团体总排名的产生方式是每站每队成绩最好的三名

选手的累计时间。如出现并列,则将各队名次最好的三名选手的名次进行累加进行判定。如果仍然并列,则采用每日团体排名获得第一名的次数、每日团体排名获得第二名的次数,以此类推。如果仍然并列,则以各队个人总成绩最好的运动员的名次为判定依据。任何一个队伍如运动员数少于三人,则将没有资格进行团体排名。

(6) 个人总积分出现并列情况时,采用以下的方法判定胜负:

① 赢得分站比赛胜利的站数。

② 赢得途中冲刺胜利的次数。

③ 个人总排名(时间排名)。

(7) 个人爬山成绩出现并列情况时,采用以下的方法判定胜负:

① 赢得最高级别山爬山胜利的次数。

② 赢得次高级别山爬山胜利的次数。

③ 个人总排名(时间排名)。

(九) 个人计时赛段

(1) 个人计时赛的出发顺序是以个人总成绩排名顺序倒数出发。但是,裁判组可改变顺序,以避免同一队的两名运动员相继出发。

(2) 对序幕赛而言,或者比赛的第一个赛段是个人计时赛,运动队的出发顺序应该是组委会与裁判小组协商确定;每个队的运动员的出发顺序由各队自行决定。

（十）团体计时赛段

（1）团体计时赛的出发顺序是以团体总成绩排列顺序倒数出发。若无团体总成绩排名，则抽签决定。

（2）这些赛段的排名将计入个人成绩的总排名和各队的团体总排名之中。

（十一）运动员放弃比赛

若运动员退出比赛，则他在这场多日赛举行的期间内不能参加任何其他比赛，否则将判 15 天禁赛，并且要处以罚款。在顶级环赛中，应运动员的要求以及该队领队的同意，比赛指挥者与裁判组可以视情况而做出例外的决定。

（十二）终点

（1）如运动员在进入最后 1 千米之后摔倒、爆胎或出现其他公认机械事故，其成绩应与出现事故前他所在集团里的其他队员成绩（时间）相同，其名次则按实际通过终点顺序决定。

（2）在上述情况下，如运动员因伤不能通过终点，其名次则排在该段的最后一名，与发生事故前他所在集团的其他运动员成绩（时间）相同。

以上情况不适用于计时赛段和终点设在山顶上的赛段。

（十三）环路上的终点

（1）须在终点线处进行计时。

（2）在多日赛中，如果环路距离在 5~8 千米之间，可以

安排 5 圈以上骑行圈数，但仅限于最后一站，总里程不能超过 100 千米。

（十四）关门时间限制

关门时间应根据不同赛事的情况在特殊规则中设定，在与组织者协商以后，裁判组可以延长关门时间。

（十五）队车

（1）每个队只能有一辆队车追随比赛。组委会给没有队车的队提供一辆队车（商业队除外）。

（2）在第一赛段，各队队车的出发顺序由各队在序幕赛中成绩最好的运动员的个人名次顺序决定，如无此排名，则由抽签决定。

（3）在以后的赛段，队车的顺序由各队成绩最好的运动员的个人总排名的顺序决定。

（十六）成绩报告

组织者须在比赛结束后将成绩单发给各队，如果没有做到，须尽快用传真发给他们。

（十七）从顶级赛中除名

在不违反本规则规定的情况下，一名会员证持有者或一个队伍如果其行为严重令自行车运动或令本赛事蒙羞，则其可以被逐出顶级比赛。

六、绕圈赛

如果涉及以下条款中没有包括的内容，请参照总则和一日赛的特定条款对比执行。

（一）方法

（1）按最后一圈的成绩排定名次。

（2）根据完成的圈数和在途中冲刺得分累计确定运动员的排名。

（3）如果绕圈赛包括几个比赛，个人赛应该是最后一场。

（二）组织

（1）如果组织者与每名运动员没有签定个人协议，则不允许其在一场国际比赛的前一天组织绕圈赛。

（2）各国家协会应在每年的1月1日以前将其举办的绕圈赛的日程提交UCI。

（3）终点线前至少159米、后至少50米的路两侧须有护栏。该区域只允许组委会的工作人员、运动员、医务人员、领队和持证新闻人员走动。如果终点直道的距离少于300米，则需从终点前的拐弯处设置护栏。

（4）比赛的结束时间在日落之后，如果场地没有充足的照明，赛事需取消或中止。

（5）组织者必须为运动员提供更衣间。

（三）奖金与付款

（1）在接受报名单之前，组委会应该随邀请信一起寄出比赛奖金分配表。

（2）除了根据比赛成绩颁发奖金外，还要给参赛的运动员发放一定的款项，组委会和每名运动员都应该以个人合同形式确定付款的数量。

（3）如比赛被取消或中断，组委会仍须支付合同确定的款项。但是若取消或中断比赛是由于不可抗拒的因素，则做以下处理：

① 在出发之前，组委会要报销运动员的旅费。

② 中断比赛，组委会依据各自的合同，按比例向运动员分发"出场费"。

（4）奖金只能付给获胜的运动员。

（5）奖金和合同上的款数应该在比赛结束后一小时内支付。

（四）距离

环形路的测量长度在800米和10 000米之间。比赛最长距离，应该按下列标准进行确定：

绕圈赛的环形路长度与最大距离统计表

环形路长度/米	最大距离/千米
800～1 599	80
1 600～2 999	110
3 000～3 999	132
4 000～10 000	150

（五）途中冲刺方法

（1）根据以下条款，比赛方案和技术指南要说明途中冲刺方案和具体冲刺点。

（2）环形路比赛途中冲刺须在环路终点线上进行，每两个冲刺间相隔的圈数应该相同。

（3）没有设途中冲刺的圈，应为第一个通过终点线的运动员记分数，该分值不能超过途中冲刺优胜者（第一名）得分的40%。

（4）任何运动员（20人或少于20人一组的运动员），在比赛中落后被领先的运动员组追上，就被淘汰并退出比赛。若超过20人，有裁判组决定是否继续比赛。

（5）当出现公认机械事故时，由裁判根据环形路的长度，决定运动员享受一至二圈中立圈。中立圈后，该运动员应继续比赛，但是不能在下一个冲刺圈中得分。

（6）运动员按如下原则排定名次：

① 获胜者应是骑的圈数最多的运动员。

② 在圈数相同的情况下，按积分的多少来决定。

③ 在圈数和积分均相同的情况下，由途中冲刺获胜次数来决定。

④ 如果还是平局，由最后一圈冲刺的先后决定。

（7）运动员追上大集团的尾部，则被判领先一圈。

七、个人赛

未涉及内容可参照总则或一日赛特定条款。个人赛是以个人身份参赛的公路比赛，个人比赛只注册在国家竞赛中，有如下规定：

（1）运动员以个人名义报名。

（2）最长距离应是170千米。

（3）如果比赛是在环路上进行的，环路的周长最少是10千米。

（4）掉队运动员由公共器材车来提供帮助。

（5）比赛中不允许有队车，除非某一队中至少有5名运动员同时参赛，才能有队车。

附录2 | 国际自行车运动联盟（UCI）场地自行车比赛规则（节选）

一、总则

（一）运动员行为

（1）运动员不能进行任何妨碍比赛和影响比赛结果的串通、不正当行为或动作。

（2）如果在同一场比赛中，运动员穿着同队队服，他们要穿着一些标记以示区别。

（3）有资格参加复活赛或下一轮次比赛的所有运动员必须参加这些比赛，否则取消比赛资格。除非运动员受到不可抗拒的情况的影响。

（4）比赛中运动员不得因为自认为是受到了非常规影响而终止比赛。

（5）除非另有规定，任何摔倒或从车上掉下离开跑道的运动员，在重新上道时，可以得到帮助。但是应在其离开跑道的地方上道恢复比赛。

（6）运动员不可以在蓝区骑行，除非是非本意的。

（二）运动员号码

运动员要佩戴两块号码布，1 000米计时赛、500米计时赛、个人追逐赛、团体追逐赛和团体竞速赛只要一块。

（三）裁决员

裁判长将指定一名裁判作为裁决员，对争先赛、凯林赛、积分赛和麦迪逊赛，必须要有裁决员。裁决员将独立监视运动员在比赛中的行为和遵守比赛规则，对于出现的问题，他可以立即、独立给予处罚和根据规则规定做出任何必要的决定。

（四）警告、取消比赛资格

（1）没有明确判罚标准的行为和不正当的行为，都要根据其情节的轻重受到警告或取消比赛资格的处罚。

（2）在摩托领骑赛中，绿旗表示警告；红旗表示取消比赛资格；黄旗与绿旗一起出示表示取消比赛资格前的警告；任何情况下，都要出示被警告的运动员的号码牌，或通过视听手段通知运动员。

（五）计时

由时间来决定比赛成绩时，时间要精确到1/1 000秒。

（六）发令

发令员要在场地中央，以枪声为令。如果出发使用起跑器，车闸要使用电动设备释放，并且同时带动计时器。当运动员的赛车被固定后，运动员前方要有一个钟，从出发前50秒开始倒计时。

（七）中止比赛

在错误出发的情况下，发令裁判独立决定是否停止比赛。停止比赛由鸣枪两响表示，1公里计时赛、500米计时赛除外。

（八）公认事故

公认事故是指摔倒、爆胎、赛车的主要部件断裂，其他所有故障均被视为非公认事故。

二、争先赛

在小于333.33米的场地上，运动员要骑行3圈，大于、等于333米的场地上，运动员要骑2圈。如一名选手在两人一组的比赛中弃权，则他的对手到起点线即可宣布获胜无需完成骑行。出发位置由抽签决定，抽1号为内道。第二战交换位置，第三战重新抽签。

（一）冲刺

（1）内道运动员必须领骑至对面跑道的追逐线，除非被对手超越。每场比赛最多允许定车2次，定车最长不得超过30秒。发令员要提示领骑运动员继续比赛，否则发令员将停止比赛，并宣布对手获胜。如果在3人或4人一组的比赛中，违例运动员除外，比赛将立即由剩下的2人或3人进行重赛。

（2）在进入最后200米或开始进入最后冲刺之前，选手可以利用全部的跑道宽度，但必须给对手留出足够的空间通过，要避免相互碰撞、摔倒或造成对手骑出跑道的举动。

（3）在最后冲刺或最后 200 米之前发动的冲刺，运动员须保持其骑行方向到终点，除非他有至少领先一个车长的距离。

（4）选手不可以从在快速骑行道上骑行的对手左侧超越。如果领先选手离开快速骑行道，对手试图从左侧超越，领先选手不能再回快速骑行道，除非他有至少领先一个车长的距离。

（5）如果领先选手进入测量线，他将被降低名次。若他是无意的，则成绩可以被认可。

（6）如果在 3~4 人一组比赛中，一名选手以违规方式袒护另一名选手，他将被降低名次，其余选手立即重赛。

（二）中止比赛

（1）仅在以下情况下可以停止比赛：摔倒、爆胎、赛车的主要部件断裂。

（2）如果选手的犯规没有被判降低名次和取消比赛资格，这场比赛将重新出发，判肇事者在内道领骑。

（3）如果一名选手失去平衡，摔倒或触及对手或栏杆，比赛将重新开始，肇事者在内道领骑。

（4）如果发令员发现严重犯规和在最后一圈打铃之前停止比赛，裁判可以对犯规选手降低名次或取消比赛资格，判其对手获胜。如遇 3~4 人一组比赛，该场比赛由其余的 2~3 人立即重赛。

三、1 000 米和 500 米计时赛

1 000 米和 500 米计时赛是一项原地出发的个人计时赛。在世界杯和世锦赛上，1 000 米为男子项目，500 米为女子

项目。

（一）比赛的组织

（1）在世锦赛上每名运动员均为单个出发，出发顺序由裁判安排决定。

（2）成绩并列，授予每名运动员同样的奖牌。

（3）比赛为直接决赛。

（二）比赛程序

（1）为了限制运动员在弯道处蓝区里骑行，每5米的间隔要摆放一块50厘米长的海绵块。

（2）运动员从起跑器上起跑，每名运动员只允许有2次起跑机会。

（3）运动员应在跑道的里道出发，出发违例的运动员将立即重新出发。

四、记分赛

记分赛是一种根据计算运动员的冲刺得分及完成的圈数来决定最终名次的特殊比赛。

（一）比赛的组织

（1）根据报名参赛人数，裁判有可能组成资格赛并决定每组资格赛中录取多少名次进入决赛。

（2）在小于、等于250米的场地，途中冲刺每10圈一次。在285.714米的场地上每7圈一个冲刺。在333.33米的场地上每 6 圈一个冲刺。在 400 米的场地上每 5 圈一个冲刺。在其他场地上，途中冲刺在跑完接近每 2 千米的圈数后进行。

（3）每个冲刺圈第 1 名获得 5 分，第 2 名 3 分，第 3 名 2 分，第 4 名 1 分。任何一名选手超过主集团一圈，即获得 20 分，任何一名选手被主集团超过一圈，即扣除 20 分。

（4）如果有 2 名或更多的选手得分相同，根据终点冲刺的先后位置决定名次。

（二）比赛程序

（1）出发前，一半选手沿围栏排成一列，另一半选手在快速骑行道排成一列。

（2）在一圈的中立骑行之后，行进间出发、比赛开始。

（3）冲刺将根据争先赛的规则执行。

（4）一名选手落后大集团并被追上，该选手不能领骑。否则，取消比赛资格。

（5）在冲刺排名时，如果一名或几名选手追上大集团，这些选手将获得一圈并奖励 20 分。该冲刺圈得分将立即给其后的突出选手或者给那些大团的领先选手。

（6）落后一圈或数圈的运动员裁判团有权令其退出比赛。

（7）如果发生公认事故，运动员可以享受接近 1 300 米的圈数的中立圈。上道恢复比赛时，他应回到出事前的位置。最后 5 圈没有中立圈。

（8）如果有超过一半运动员摔倒，则比赛停止。裁判决定中断比赛的持续时间，并且要按摔倒时运动员的位置开始恢复比赛。

(9) 在最后 5 圈内发生公认事故的选手，不可以再上道。

四、凯林赛

运动员在摩托牵引下完成一定圈数之后，在距离终点前 600~700 米时进行一次冲刺的比赛。

（一）比赛的组织

（1）比赛由第一轮、复活赛、第二轮和决赛组成

（2）摩托领骑员在快速骑行道骑行，开始的速度为 30 千米/时，并逐步加速，最迟在比赛还剩 4 圈的时候达到 50 千米/时（250 米的场地）。在裁判的指挥下，领骑员离开跑道。

凯林赛的运动员的骑行距离统计表

跑道周长/米	应跑圈数/圈	运动员剩余的骑行圈数/圈
250	8	2.5
285.714	7	2.5
333.33	6	2
400 + >	5	1.5

（二）比赛程序

（1）运动员出发的位置，由抽签决定。运动员在追逐线上按顺序并肩排列，快速骑行道要空出位置。运动员由随行人员扶车，但不能推。

（2）当领骑员在快速骑行道接近追逐线时，比赛开始。抽签为 1 号的运动员应立即尾随其后，并至少要在第一圈内保

持尾随，除非另有运动员自愿占据这个位置，否则，停止比赛并淘汰该运动员。重新出发时，由 2 号运动员立即尾随在领骑员之后，任何人不得在领骑员离开跑道前超过领骑员的后轮的尾部，否则，取消比赛资格。

（3）比赛根据争先赛的规则执行。

（4）如果在 30 米内发生事故，应立即重新起跑。

五、团体竞速赛

团体竞速赛是一系列分组赛，由两队每队 3 名选手在场地上骑行 3 圈，每名选手领骑 1 圈。

（一）比赛的组织

（1）该项目被分为两轮比赛。

① 资格赛：根据成绩选择 4 个最好的队。

② 决赛：成绩最好的两个队决第 1、2 名；另两队决第 3、4 名。

（2）如果成绩相等，由最后一圈成绩优者列前。

（3）如果某队在决赛中弃权，其位置不能代替，另一队被宣布获胜。如果某队未参赛的原因不被接受，缺席的队将被取消资格。

（4）队伍由报名参加该赛的选手组成。不同轮次的比赛运动员的组成可以各不相同，不完整的队伍不能进行比赛。

（二）比赛程序

（1）出发在直道的中间进行。在资格赛中，各队的出发位置由裁判决定。接下来的轮次，在上一轮比赛中成绩列前的队在主席台一侧出发。

（2）里道运动员用起跑器出发，并作为领骑运动员。

（3）领骑运动员在骑完第一圈后，从跑道外侧退出并离开跑道，不得阻碍另一队的正常骑行。第二位运动员领骑下一圈，然后以同样的方式退出比赛。第三名运动员一个人完成最后一圈比赛。

（4）若一名队员在其领骑圈结束前15米以上的距离换道或一名队员在他领骑结束之后15米以上的距离换道或一名队员推另一名队员，则该队的名次降级为该轮次最后。

（5）资格赛中发生事故，在资格赛结束后重新出发，在资格赛中一队只允许两次出发机会。

（6）第一轮和决赛中发生事故将停止比赛并重新起跑，如果某队在其后的比赛中再次发生事故（无论是否公认），降低名次。

六、麦迪逊赛

麦迪逊赛是每队两名选手完成一定途中冲刺的比赛，排名由完成的比赛距离加上所获得的得分决定。

（一）比赛的组织

（1）在小于333.33米的场地最多18个队参加比赛，在大于、等于333.33米的场地上最多20个队参赛。

（2）每队两名选手佩戴相同的号码，但号码颜色不同。

（3）在途中冲刺中，获得第1名的队5分，第2名3分，

第3名2分,第4名1分。

(4) 名次根据每队完成比赛的圈数多少决定,如果圈数相同则根据冲刺得分的多少决定;如果所获得的圈数和分数都相同则根据冲刺得分中获得第一名的数量决定;如果仍相同根据在冲刺得分中第二名数量决定;最后由终点冲刺的顺序位置决定。

(二) 比赛程序

(1) 每队一名选手进行原地出发并骑行直到第一个接力。

(2) 同一队的运动员可以按自己的意愿通过接触手或者是短裤进行交接。

(3) 按争先赛的有关规定处理冲刺。

(4) 当一个队追上了最大集团的后面的运动员,该队被视为获得一圈,落后大集团的运动员不能帮助领先的运动员超圈,否则取消比赛资格。

(5) 如果在一个冲刺排名时,一个或几个运动员追上最大的集团,这些运动员将获得一圈,得分立即给后面突出选手或者给大集团的领先选手;被主集团超圈三次的队,裁判可以令其退出比赛。

(6) 如果某运动员摔倒或者出现机械故障,其同队选手应立即占据该队的比赛位置,不设中立圈。

(7) 如果某队两名运动员同时摔倒,该队有资格享受距离相当于2 000米的中立圈。再重新上道时,其中一名运动员应在发生事故前该队所处大集团的位置上回到比赛。在比赛最后2 000米不设中立圈,该队的名次根据其发生事故时所完成的圈数和得分决定。

（8）如果一半以上的队摔倒（以每队一名运动员计算），比赛须中断，裁判决定中断的时间。运动员重新出发，摔倒时各队的圈数和积分有效。

七、淘汰赛

淘汰赛是在每次途中冲刺时，淘汰最后一名运动员的个人赛。

（一）比赛程序

（1）运动员在终点直道上集合。

（2）在一个中立圈之后运动员行进间出发，比赛开始。在中立圈骑行时，运动员要在一个集团内，以中等速度骑行。

（3）在不足333.33米的跑道上，每两圈进行一个冲刺，每个冲刺圈前要有铃声提示。在333.33米或更长的跑道上，每圈进行一次冲刺。

（4）每个冲刺时，最后一名运动员将被淘汰，淘汰根据运动员的后轮通过终点线的位置为判定依据，被淘汰运动员应立即离开跑道。

（5）在比赛中的最后两名运动员进行最后的终点冲刺，他们的名次根据自行车的前轮前沿与终点线的先后位置来决定。

（6）运动员出现事故将被淘汰，如果一名或多名运动员涉及事故中，可以根据跑道长度，将下一个冲刺圈推迟1~2圈。如果跑道上剩下不足8人，出现事故的运动员即使没有跑完全程，也列在该集团的最后一名。

快乐骑行
——大众自行车运动

附录3 | 国际自行车运动联盟（UCI）山地自行车比赛规则（节选）

一、适用于越野赛的通则

（一）路线设计参数

（1）不管地面和气候条件，路线必须100%能骑行。如有短暂或不得已的下车路段必须上报批准。

（2）路线上不得出现无事先计划安排或没有通知运动员的大障碍物，路线上每隔1千米须设一个标明距离终点千米数的标志牌，并且最后1千米的标志牌须醒目。

距离较长的狭窄赛段必须间断地设一些可供超越的路段。

（3）比赛路线必须按以下系统进行标识：

① 将高20厘米、长40厘米的路标指示箭头用具有鲜明对照的颜色（黑、蓝、红）在白底上印出来，用于指明正确的比赛路线和随后出现的改变、交叉路口和所有存在潜在危险的情况。

② "×"标记放置于醒目的地方，用于标识错误方向。

③ 3个及以上的倒置箭头表示情况非常危险，要格外小心。

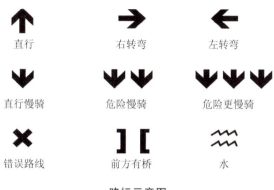

路标示意图

（二）供给区

（1）只允许在规定的供给区域或地带供应饮食。只允许在供给区和为持证的眼罩公司人员指定的区域更换眼罩。

（2）供给区必须足够宽、足够长，保证通过的运动员在取食物时无干扰。

（3）在供给期间，供食者和运动员之间不允许有身体接触，否则将被视为有技术帮助。

（4）只有赛前得到裁判长的允许，才可以用水泼运动员，但任何时候均不可以将水泼到运动员所骑的车辆的任何部位上。

（5）不允许供给者在供给区随着运动员奔跑。

（三）自行车标记

在比赛开始前，每个运动员自行车的车架和车轮上必须在裁判团指定的自行车标识区做上标记以便辨认，并且必须在比赛结束后对获得积分或赢得奖金的运动员（加5名）的自行车

进行检验。"SC"比赛或其他较短路线比赛不必做自行车标记。运动员必须在正式的自行车标识处开始和结束比赛。

（四）安全

在有潜在危险的训练或比赛中，所有的引导员必须带一面黄旗，如果黄旗伸直横举，则指示前面发生了意外事故，运动员必须慢骑。所有引导员相互间必须有理想的视野，并带着口哨，当下一个运动员接近时吹出短尖响。

（五）竞赛

未经裁判员记录而退出比赛的运动员将被列为"未完成比赛"，未完成比赛者将失去所有待遇，如最终名次、竞赛得分及排名得分等。

二、适用于速降赛的通则

（一）比赛形式

（1）使用单个出发的骑行方式，分为世界杯赛制和世界锦标赛赛制。

（2）在一定情况下，也可以采用两轮比赛系统（取选手在两轮比赛中的最快时间来计算成绩）。

（二）路线设计参数

（1）必须遵守以下路线设计参数：
① 路线长度最小1 500米，最大3 500米。

② 比赛时间最短 2 分钟，最长 5 分钟。

（2）比赛路线用 UCI 批准的箭头系统。

（3）路标。比赛路线必须根据下述系统标明：将高 320 厘米、长 40 厘米的路标指示箭头用具有鲜明对照的颜色（黑、蓝、红）在白底上打印出来。

（4）路线可视性。在树根、树桩、突出的岩石等处喷上荧光漆，供增加运动员在骑行速度方面的参考。

（三）安全

1. 服装

UCI 不规定速降赛保护标准，因为不同的标准适用于不同的国家。但 UCI 强烈劝告运动员穿戴全脸头盔、大腿护垫、小腿护垫、长裤子、长袖子、全手指手套等保护装置。

2. 引导员

（1）如果黄旗伸直横举，表示前面有意外事故发生，运动员必须慢骑。

（2）每个举红旗的引导员在训练和比赛中应持有对讲机，以便相互之间的联系。

（3）如观察到严重事故，必须立即用对讲机向总裁判长和竞赛主任汇报。

（4）运动员在比赛期间观察到挥动的红旗必须立刻停止骑行，并向终点裁判要求重新出发，等待进一步的指示。

（5）所有比赛中至少配备一辆救护车和一个额外的基础医疗设施，急救区域必须安排在中心地段，所有急救人员必须穿着能够被认出的标志或制服。

（四）运送能力

必须提供每小时能运送 150 名运动员及其自行车到比赛路线顶端的交通系统，并准备应急方案。

参考文献

［1］伯特. BIKE FIT 骑行姿势设定指南［M］. 张光准, 译. 北京：人民邮电出版社，2015.

［2］雨儿，祁洪旭，于觐诚. 自行车骑行实用指南：选购、维修、保养、装备、骑行技巧与线路定制［M］. 北京：人民邮电出版社，2016.

［3］麦克雷. 自行车骑行训练突破：基础体能训练指南［M］. 李昕亚，译. 北京：人民邮电出版社，2018.

［4］赞恩. 自行车轮上的商业王国［M］. 陶金，译. 上海：立信会计出版社，2014.

［5］沙凡铎. 自行车运动训练指南：全面提升骑行表现的系统性训练［M］. 张建，译. 北京：人民邮电出版社，2018.

［6］罗誉寅. 自行车功率训练突破：分析数据　科学训练　提高表现［M］. 北京：人民邮电出版社，2017.

［7］国家体育总局青少年体育司，国家体育总局自行车击剑运动管理中心. 中国青少年自行车训练教学大纲［M］. 北京：北京体育大学出版社，2016.

［8］徐涛. 自行车与近代中国［M］. 上海：上海人民出

版社，2015.

［9］绢代. 自行车减肥［M］. 台湾乐活文化，译. 北京：中国轻工业出版社，2012.

［10］赫兰. 自行车的回归：1817—2050［M］. 乔溪，译. 北京：中国社会科学出版社，2018.

［11］海曼，斯坦西. 玩转山地自行车［M］. 晓月，译. 北京：机械工业出版社，2017.

［12］王全法，王政. 大学体育理论与实践［M］. 2版. 苏州：苏州大学出版社，2016.

［13］王瑞元. 运动生理学［M］. 北京：人民体育出版社，2002.

［14］田麦久. 运动训练学［M］. 北京：高等教育出版社，2006.

［15］王国祥，王虎. 体育运动伤害防护［M］. 苏州：苏州大学出版社，2017.